KB263035

이슬람

마크 A. 가브리엘 엮음

Understanding Islam
by UN Declaration of Human Rights

- by editor Mark A. Gabriel -

국립중앙도서관 출판사 도서목록 (CIP)
UN인권선언에서 바라본 이슬람 / 마크 A. 가브리엘 엮음. --서울 : 글마당, 2010
80p. ; 15.2×22.5cm. -- (이슬람이 몰려온다 ; 5)

ISBN 978-89-87669-51-9 (93230) : \7000
ISBN 978-89-87669-48-9 (세트)

이슬람 국가[--國家]
인권[人權]

342.1-KDC5323-DDC21 CIP2010001726

이 도서의 국립중앙도서관 출판시도서목록 (CIP)은
e-CIP홈페이지 (http://www.nl.go.kr/ecip)에서 이용하실 수 있습니다.

Contents

UN인권선언문이란

이 인권선언(UDHR; United Nations Universal Declaration of Human Rights)은 1948년 6월 파리에서 모인 국제연합(UN) 인권위원회에 의해 완성된 후, 몇 차례의 수정을 거쳤으며 1948년 12월 10일 UN 3차 총회는 인간의 개인적 권리와 자유 및 평등을 강조한 UN인권선언문을 정식으로 채택했다.

2차 대전 당시 히틀러의 유대인 대학살이 자행된 후 한 나라의 인권상황이 국내문제로 그치지 않고 국제적인 관심사로 대두했다는 공감대에서 구상됐다.

인권의 존중과 평화 확보 사이의 깊은 관계를 고려하여 기본적 인권 존중을 그 중요한 원칙으로 하는 국제연합헌장의 취지에 따라 보호해야 할 인권을 구체적으로 규정할 것을 목적으로 국제연합(UN)은 제네바 선언을 재검토하였고 UN총회에서 만장일치로 채택된 선언문이다.

이 UN인권선언에는 민주적인 헌법이 인정하는 인간의 주요한 시민적·정치적 권리와 몇 개의 소위 경제적·사회적·문화적 권리에 대한 일반적인 정의가 포함되어 있다.

이러한 인간의 권리 즉 '인권'은 이념, 종교, 인종, 성별, 경제적 지위를 뛰어 넘는 보편적인 권리로 오늘날 375개의 다른 언어와 방언으로 번역, 전 세계에 널리 전해지고 있다.

저자의 한국인 독자들을 위한 헌사

위대하고 놀라운 대한민국 국민들께
본인이 엮은 책『UN인권선언에서 바라본 이슬람』이
출판되었음을 영광으로 생각하며, 여러분들이 쉽게 읽을 수
있도록 썼으니 이 책을 통해서 유익한 정보를 얻고
격려 받을 수 있기를 기도합니다.

여러분들을 섬기는 **마크 A. 가브리엘** 박사

To the great and wonderful people of Korea,
It's my honor to present to you my editing book-,
『Understanding Islam by UN Declaration of Human Rights』
and I pray that you will find it easy to read and
a source of learning and encouragements.

Your Servant **Mark A. Gabriel** (Ph. D.)

Mark A. Gabriel

편집자의 생각

　이 책은 천년의 역사를 지닌 이슬람 학문의 산실인 알 아즈하르 대학에서 한때 이슬람역사와 문화를 가르쳤던 최연소 교수이자, 이슬람을 전파하는 헌신된 이맘이었던 마크 A. 가브리엘 박사가 지난해 11월 한국을 방문하여 강의했던 「UN인권선언 헌장에서 바라본 이슬람」의 내용을 풀어 쓴 글이다.

　그는 이미 12세에 신약성경 분량의 꾸란 전체를 암기할 정도의 보기 드문 신동이었으며, 알 아즈하르 초·중·고등·대학교를 졸업하였다. 특히 이집트의 알 아즈하르 대학은 이슬람권에서 일어나는 모든 신학적인 문제를 자문하거나 파트와(fatwa)를 결정해주는 가톨릭의 바티칸과 같은 권위있는 곳이기도 하다. 오늘날 이슬람을 지탱하는 3대 힘은 이슬람 정치 1번지인 이란과 종교적 중심지인 사우디아라비아 그리고 이슬람역사의 본산지이기도 한 이집트인데 바로 알 아즈하르 대학은 10만 명의 학생을 지닌 거대한 전 세계 이슬람학문의 중심지이다.

　그런 그가 기독교로 개종한 후 어느 날 스위스 제네바에 있는 UN유럽본부 인권위원회를 방문하게 되었는데, 그 건물에 들어가면 맨 먼저 눈에 띄는게 있었다고 한다. 가장 평범한 듯 하면서 영원한 진리일 수밖에 없는 바로 인간의 기본 권리를 주장한 30여 조항으로 된 UN인권선언문이다.

　UN인권선언문은 모든 인류가 존중되어야 할 인간으로서 누려야 할 기본 권리인 인권 즉 인간의 존엄성과 가치, 남녀의 동등한 권리에 대한 신념을 재확인하는 내용이다. 오늘날 세계 각국들이 얼마나 많이 국민들의 기본 권리 향상을 위해 노력하여야 하는가의 지침서가 되고 있다.

오늘날 세계는 흑인 노예들을 해방시킨 링컨 대통령의 연설문처럼 '국민의, 국민에, 국민을 위한 것' 들이 얼마나 잘 실현되는가에 의해 선진국과 후진국으로 구분되어질 만큼 인간이 인간으로서 누려야 할 기본 권리는 그만큼 중요하다고 할 수 있다.

따라서 우리는 오일 달러로 부유해진 중동국가들을 선진국이라고 말하지 않는다. 그렇다고 세계에서 행복지수가 가장 높다는 방글라데시를 선진국이라고 말하지도 않는다.

이 책에서는 UN인권선언문에 비추어 세계인구의 15억 인구가 믿고 있는 이슬람, 더불어 오늘날 이 이슬람권 국가들이 종교의 이름으로 인간이 누려야할 최소한의 기본권리마지 얼마나 짓밟고 있는가를 어실히 보여준다.

다시 말해서 이 책은 이슬람을 기독교적인 시각으로 단순히 비교하거나 폄하하기 위한 내용이 아님을 거듭 강조하며 하루속히 이슬람권에서도 UN인권선언문의 주장처럼 인간들의 보편적 자유와 권리신장이 실현되어지는 날이 오기를 소망하는 바이다.

프롤로그

　내가 예수님을 영접하고 죽음의 위협을 피해 남아공으로 옮겨왔을 때 본격적으로 기독교 신앙을 가르쳐 준 나의 영적 멘토인 한국인 선교사의 모국 코리아! 뜨거운 선교의 열정을 가진 한국 땅을 2009년 11월 20일 처음으로 밟았다. 한국을 방문하기 전에 나는 스위스 정부가 이슬람 첨탑(미너렛) 건립에 관한 국민투표를 앞두고 반대운동을 펼치는 강연을 스위스 전역을 순회하면서 2주 동안 무려 20회가 넘게 여행을 다녀 몹시 피곤하고 지쳐 있었다. 그래서 아직 한국의 이슬람화는 어느 정도 진행되고 있는지 제대로 파악이 되지 않았다.

　한국을 방문한 둘째 날, 나를 초청한 글마당출판사 측에서 "한국에 있는 이슬람 사원 중 가장 대표적인 한남동 모스크를 한번 방문하지 않겠느냐?"는 제안을 하여 기꺼이 동의했다.

　나는 원래 어느 나라를 방문하든지 이슬람 사원과 서점을 방문하여 그 나라의 상황을 먼저 파악하는 습관이 있다. 그리고 나는 "하나님, 이미 나의 얼굴이 유튜브 동영상을 통해 많이 알려져 있기 때문에 내가 그곳을 방문하였을 때 아무도 나를 알아보는 무슬림이 없도록 그들의 눈을 감겨 달라."고 간절히 기도하였다. 글마당출판사 대표와 동행한 경호원들의 안내로 모스크에 들어가 여기저기 내부를 돌아보고 있었는데, 마침 기도를 하던 두 무슬림 청년이 나에게 다가와 반갑게 인사를 했다.

　내가 한국에 온지 얼마나 되었는지 물었더니 6개월쯤 되었다고 했다. 그러면서 그 젊은이는 "저는 튀니지에서 한국 정부의 초청을 받고 와 현재 청주에 있는 C대학에 다니면서 한국어를 배우고 있습니다. 머지않아 한국어를 마스터하면 C대학에서 한국 대학생들에게 '다와(기독교에서 말하는 전도나 선교)'를 하는 것이 임무입니다."하고 말하였다. 그들은 세 명의 경호원들과 같이 모스크를 방문한 나와 금발의 내 아내를 보고 아마 중동에서 온 고위 무슬림 외교관으로 짐작하고 자랑스럽게 자신들을 소개하고 이런저런 얘기를 털어 놓았다. 성령의 인도하심은 이처럼 내가 알고 싶은 사실을 그들 스스로 토설케하는 놀라운 섭리를 목격하게 해주셨다.

그들과 헤어지고 모스크 옆에 있는 한 이슬람서점을 들렀다. 서점주인은 영어에 능통한 케시미르인이었고 전형적인 무슬림처럼 수염을 덥수룩하게 기르고 있었다. 아내는 용감하게 그에게 질문을 했다.

"지하드(Jihad, 성전)를 어떻게 생각하세요?"

서점주인은 "지하드란 영적 투쟁뿐만 아니라 육체적 투쟁까지 포함한다."고 대답하였다. 서점 주인은 이슬람을 전파하는 체계적인 훈련을 받은 무슬림답게 지하드를 정확하게 이해하고 있었다.

그 주인은 나의 아내에게 책을 한권 선물로 주었다. 나는 그 책을 받아보고 깜짝 놀랐다. 한국에서 내 아내가 처음으로 받은 선물이 바로 이븐 알 카이엠의 『AR-RUH, 죽음 후의 영혼의 여정』란 책이었다. 그 책은 이슬람 테러리스트들이 지하드를 하기 전에 반드시 읽어야 할 필독서인데, 이집트에서는 그 책을 가지고 있기만 해도 체포되어 혹독한 취조를 각오해야 할 불온서적으로 취급받는 금서(禁書)이다.

나는 이런 과격한 책들이 버젓이 배포되거나 판매되고 있다는 사실이 너무 놀라웠다. 미국에서도 이 책을 지녔다가는 FBI의 조사를 받게 될 만큼 과격한 이슬람 원리주의 학자가 쓴 것이다.

이런 책을 한국에서 너무 손쉽게 볼 수 있다는 사실에 충격을 금치 못하였다. 이미 한국도 알 카에다의 손길이 깊숙이 뻗치고 있다는 소문을 짐작할 수 있었다.

내가 한국을 다녀온 후인 2010년 2월 한국의 경찰 당국은 한국 내의 상당한 텔레반 조직과 관련된 파키스탄 무슬림들을 체포했다는 언론 보도가 이를 잘 증명해준다. 특히 이들 가운데에는 대구의 한 모스크의 이맘도 관련이 되었다는 놀라운 사실이다.

나는 한국을 방문하고 두 가지 사실에 크게 놀랐다.

첫 번째는 많은 한국인들과 이슬람을 연구한 학자들이 알라와 하나님을 같은 신으로 착각을 하고 있다는 것이다.

알라와 하나님은 절대로 같은 신일 수가 없다. 그들은 같은 신이라는 증거로 아랍어 성경을 예로 든다. 그러나 아랍어 성경에 하나님이 알라로 표기가 되기 시작한 것은 17세기 반 다이크 선교사에 의한 것이다.

17세기 무렵 반 다이크 선교사는 아랍어 성경 번역을 원했다. 그는 그 당시에 아랍 지역에 살고 있는 기독교인들이 하나님을 '알 일라'로 부르는 것에 대해 이집트의 가장 권위 있는 알 아즈하르 대학교 당국에 질문을 했다. 알 아즈하르 대학교의 교수로부터 "'알 일라'보다는 '알라'가 더 발음하기 편하므로 알라로 하는 것이 좋겠다."는 자문을 받고 그때부터 '알 일라(하나님)'는 '알라'로 표기가 되고 본격적으로 '알라'라고 불리게 되었다. 그런데도 한국에서는 이슬람 전문가들이 알라와 하나님을 같은 신으로 가르치고 있다는 사실이다.

두 번째로 이스마엘에 대한 이야기다.

구약성경에는 이스마엘은 시나이사막으로 쫓겨났다. 그후 하나님이 "내가 그를 큰 민족이 되게 하리라"(창 21:13) 약속하셨지만 이스마엘 후손이 꾸라이시족은 아니다. 꾸라이시족은 원래 아랍에 살고 있었던 꾸라이시 종족이며 무함마드가 속한 종족이다.

아랍인들은 이스마엘을 자신들의 조상으로 인정했다. 이스마엘로 하여금 메카에 숭배의 장소를 세우게 하면 무함마드에게 어떤 혜택이 돌아올까? 그렇다면 이스마엘 후손은 어디에 있는가?

모든 무슬림들이 이스마엘의 후손이라고 생각하지 않는다.

10억 정도의 무슬림들은 아랍어를 모른다. 비아랍권 사람이다. 그리고 3억의 아랍인들이 모두 무슬림인 것은 아니나.

아랍어를 사용하는 무슬림이라고 하더라도 모두 이스마엘의 후손이 아니다. 튀니지, 알제리, 모로코, 이집트 등은 아랍과 관계가 없다.

이슬람이 아랍에서 시작되었고 군사적으로 다른 나라들을 점령했을 때 아랍어를 쓰게 해서 아랍어를 사용하게 된 것이지, 이스마엘의 후손과는 관계가 없다. 아라비아 부근의 무슬림은 후손일 수 있겠지만 모든 무슬림은 아니다.(『이슬람과 유대인- 그 끝나지 않은 전쟁』 pp. 268~282. 글마당 참조)

이처럼 한 달 동안 강의를 다니면서 한국인들이 이슬람에 대해 너무 모르고 있다는 사실에 대해 무척 충격을 받았다.

인권선언문과 이슬람법의 대치

제 1 조

모든 인간은 태어날 때부터 자유롭고, 존엄성과 권리에 있어서 평등하다. 인간은 이성과 양심에 따라 형제애를 가지고 서로 행동해야 한다.

다음은 이 조항에 위배되는 이슬람법에 대한 설명이다.

Hadith :

حديث: لا يقتل مؤمن بكافر
وعن أبي جحيفة قال: قلت لعلي ـرضي الله عنهـ هل عندكم شيء من الوحي غير القرآن؟
قال: لا والذي خلق الحبة وبرأ النسمة إلا فهما يعطيه الله تعالى رجلا في القرآن، وما في هذه
الصحيفة. قلت: وما في هذه الصحيفة؟ قال: العقل، وفكاك الأسير، وألا يقتل مسلم بكافر. رواه
البخاري

신자(무슬림)는 불신자(비 무슬림)가 죽임당하는 것과 같이 죽을 수 없다.

→ 평등 부재

하디스(Sahih Bukari Hadith)에 의하면 ;

무슬림들은 비무슬림을 죽이는 것 때문에 무슬림들이 절대로 죽임을 당해서는 안된다고 기록되어 있다. 다시 말해서 무슬림들은 비 무슬림들보다 우월한 위치에 있음을 말하고 있다.

이슬람에서 말하기를 무슬림은 진리를 가지고 있기 때문에 최후의 경전을 가지고 있고 마지막 선지자를 가지고 있기에 모든 인류보다 우월한 종족이다. 그래서 만약 무슬림들이 기독교인나 유대인 등을 죽였다고 해서 더 우월한 무슬림들이 죽임을 당해서는 절대로 안된다고 꾸란은 말하고 있다. 그래서 지난 2002년 월 스트리트 저널의 유대계 미국인 기자인 대니얼 펄의 참수사건과 2004년 6월 22일 이라크 무장단체에 납치되어 피살된 김선일 참수사건, 2007년 아프간에서 샘물교회 봉사단의 배형규 목사와 심성민 청년의 피살사건에서도 보았듯이 이슬람권에서는 기독교 인이나 유대인 등을 살해한 무슬림들이 법정에 서서 재판을 받거나 살인 에 대한 어떠한 처벌을 받았다는 소식을 우리들은 듣지 못하고 있다.

아프가니스탄의 悲報

제대 앞둔 윤장호 병장, 폭탄테러에 희생
탈레반 "체니 노렸다"… 모두 20여명 사망
〈테러단체〉

27일 아프가니스탄 바그람 공군기지 앞에서 폭탄테러로 숨진 윤장호 병장이 상병 시절 현지에서 근무하던 모습. 윤 병장은 올 6월 제대를 앞두고 있었다.

다국적군 활동… 베트남戰後 파병한국군 첫 테러死

한국군 의료지원단 및 건설공병부대인 동의·다산부대가 주둔중인 아프가니스탄 바그람 미 공군기지 1번 게이트(정문) 앞에서 27일 현지 테러단체인 탈레반의 소행으로 보이는 자살폭탄 테러가 발생해 한국군 병사 1명이 사망했다. 베트남전 이후 해외에 파병된 한국군이 안전사고를 제외하고 테러로 사망한 것은 이번이 처음이다. 당시 이 기지에는 딕 체니(Cheney) 미국 부통령이 일시 방문해 머물고 있어, 테러단체가 체니 부통령을 겨냥한 것으로 보인다.

합동참모본부 박정이 작전부장(육군소장)은 27일 "이날 오후 2시50분쯤(한국시간) 아프가니스탄 바그람 기지 정문 쪽에서 폭탄테러가 발생, 기능공 교육을 받기 위해 기지로 들어오는 현지인 2명을 안내하기 위해 정문 앞에서 기다리던 다산부대(건설공병부대) 윤장호(27·통역병) 병장이 사망했다"고 밝혔다. 이번 테러로 미군과 현지인 등 적어도 23명이 사망하고, 20명이 부상했다고 AP통신은 전했다.

특전사 소속 통역병으로 지난해 9월 다산부대 8진 교대병력으로 파병된 윤 병장은 파병임무를 마치고 다음달 귀국한 뒤 6월 제대할 예정이어서 안타까움을 더하고 있다. 어린 시절부터 미국에 유학한 윤 병장은 토목 관련 회사에서 직장생활을 하다 뒤늦게 병역의무를 위해 입대했으며 아프가니스탄 파병을 자원했다.

합참은 현재 바그람 기지 군병원 영안실에 안치돼 있는 윤 병장의 유해를 인수하기 위해 유가족 대표와 군 관계자 등이 28일 저녁 현지로 출국할 계획이라고 밝혔다. 사고대책반은 또 윤 병장의 유해를 민항기와 공군 수송기를 통해 이르면 3월1. 2일중 국내로 봉송하는 한편 육군장이나 특전사령관장으로 장례를 치르는 방안을 검토중이다.

합참은 사고 직후 김근태 작전본부장을 반장으로 하는 사고대책반을 구성하고 이라크 주둔 자이툰부대 등 해외파병 부대에 테러 경계령을 발령했다. 박 소장은 "윤 병장 외에 한국군의 추가 피해는 아직 없는 것으로 파악되고 있다"며 "특별히 한국군을 겨냥한 테러는 아니었던 것으로 파악되고 있다"고 말했다.

박 소장은 동의·다산부대 등의 조기 철군 가능성과 관련, 개인적인 생각임을 전제로 "국회에서 올 연말까지 파병기한이 정해져 있어 변동이 없을 것으로 본다"고 말했다.

사고 당시 미국의 딕 체니 부통령이 아프가니스탄을 방문중이었으며, 이날 발생한 폭탄테러는 이와 관련이 있는 것으로 군 당국은 추정했다. 이슬람 근본주의 무장세력인 탈레반은 이번 테러가 자신들 소행이라고 주장했다.

탈레반 대변인을 자처하는 카리 유세프 아흐마디(Ahmadi)는 AP통신과의 통화에서 "체니가 기지 안에 있다는 것을 알았다"며 "(탈레반 소속) 아프가니스탄인 물라 압둘 라힘(Rahim)이 그를 목표로 공격을 감행했다"고 밝혔다. 탈레반은 2001년 미군이 축출하기 전까지 아프가니스탄을 통치했던 이슬람 수니파 근본주의 조직이다.

하루 전날 바그람 기지에 도착한 체니 부통령은 사건 당시 기지 안에서 떠날 채비를 하고 있었던 것으로 알려졌다. 체니 부통령의 대변인 리앤 맥브라이드(McBride)는 "부통령은 안전하다"고 말했다.

일본·호주 순방을 마치고 귀국길에 올랐던 체니 부통령은 지난 25일 예고 없이 오만을 방문한 데 이어 26일 파키스탄과 아프가니스탄의 바그람 기지를 잇달아 찾았다.

유용원 군사전문기자 bemil@chosun.com
남승우기자 futurist@chosun.com

▶ 관련기사 A3·4·9면

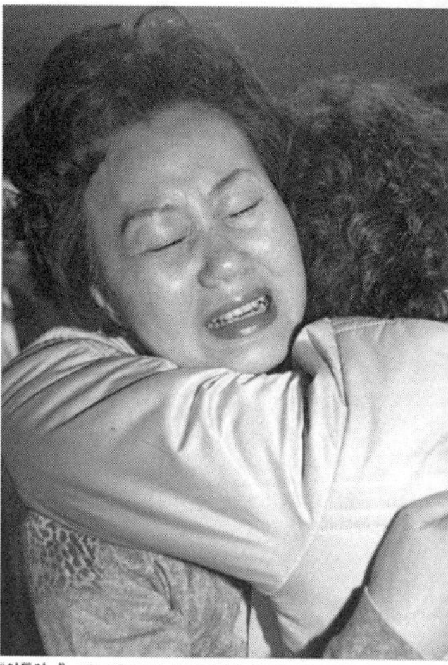

"아들아…" 27일 서울 강서구 발산동 아파트에서 아프가니스탄에서 군복무중 탈레반 세력의 폭탄 테러로 숨진 고 윤장호 병장의 어머니 이창희씨가 오열하고 있다. 청경일기자 krchung@chosun.com
☞ 동영상 chosun.com

사진 _ 윤장호 병장 등 20여 명이 사망한 폭탄테러 사건 (조선일보 2007년 2월 28일)

朝鮮日報

The Chosun Ilbo

http://www.chosun.com　2004년 6월 22일 화요일

"새벽까지 석방교섭"

외교부 "현지 성직자단체 등 협조 얻어"
협상단 이라크 急派… NSC "파병 불변"

"I don't want to die, I want to live!"

"제발 살려 주세요"

무장단체 참수 위협에 피랍 김선일씨 절규
'韓國軍 철수' 통첩시한인 오늘새벽이 고비

사진 _ 김선일 참수사건 (조선일보 2004년 6월 22일자)

사진 _ 김선일 참수장면

모든 인간은 인종, 피부색, 성, 언어, 종교, 정치 또는 그 밖의 견해, 민족 또는 사회적 위치, 재산, 출생, 다른 조건과 관계없이 모든 권리와 자유를 부여 받는다. 그러므로 그들은 정치적, 법적, 국제적 위치, 지역의 상황, 소속, 독립국이거나 아니거나 이러한 모든 것들에 대해서는 차별 받아서는 안된다.

다음은 이 조항에 위배되는 이슬람법에 대한 설명이다.

Quran 3:110   Mulim are superior to others.

كُنتُمْ خَيْرَ أُمَّةٍ أُخْرِجَتْ لِلنَّاسِ تَأْمُرُونَ بِالْمَعْرُوفِ وَتَنْهَوْنَ عَنِ الْمُنكَرِ وَتُؤْمِنُونَ بِاللَّهِ وَلَوْ ءَامَنَ أَهْلُ الْكِتَابِ لَكَانَ خَيْرًا لَّهُم مِّنْهُمُ الْمُؤْمِنُونَ وَأَكْثَرُهُمُ الْفَاسِقُونَ

무슬림은 다른 사람보다 우세하다.

너희는 가장 좋은 공동체의 백성이라. 계율을 지키고 악을 배제 할 것이며 알라를 믿으라. 만일 성경의 백성들이 믿음을 가졌더라면 그들에게 축복이 더했으리라 그들 가운데는 진실한 믿음을 가진자도 있었지만 그들 대부분은 사악한 자들이라.   - 꾸란 3:110

Quran 4:34   Men are superior to woman.

الرِّجَالُ قَوَّامُونَ عَلَى النِّسَاءِ بِمَا فَضَّلَ اللَّهُ بَعْضَهُمْ عَلَى بَعْضٍ وَبِمَا أَنفَقُوا مِنْ أَمْوَالِهِمْ فَالصَّالِحَاتُ قَانِتَاتٌ حَافِظَاتٌ لِّلْغَيْبِ بِمَا حَفِظَ اللَّهُ وَاللَّاتِي تَخَافُونَ نُشُوزَهُنَّ فَعِظُوهُنَّ وَاهْجُرُوهُنَّ فِي الْمَضَاجِعِ وَاضْرِبُوهُنَّ فَإِنْ أَطَعْنَكُمْ فَلَا تَبْغُوا عَلَيْهِنَّ سَبِيلًا إِنَّ اللَّهَ كَانَ عَلِيًّا كَبِيرًا

남자는 여자보다 우세하다.

남성은 여성의 보호자라. 이는 알라께서 남성들에게 여성들보다 강한 힘을 주었기 때문이라. 남성은 여성을 그들의 모든 수단으로써 부양해야 하고 건전한 여성은 헌신적으로 남성을 따를 것이며 남성이 부재시 남편의 명예와 자신의 순결을 보호할 것이라. 순종하지 아니하고 품행이 단정하지 못하다고 생각되는 여성에게는 먼저 충고를 하고 그 다음으로 잠자리를 같이 하지 말 것이며 그 다음에는 때리라. 그러나 다시 순종할 경우는 그들에게 해로운 어떠한 수단도 강구하지 말라. 진실로 알라는 가장 위대하시니라. *

- 꾸란 4:34

Hadith : Islam is superior to any other religious.

– 아르와 하디스 108:5~106

하디스 : 이슬람은 어느 다른 종교보다 우세하다.

→ **평등 부재**

---

* 마크 A. 가브리엘, 『이슬람, 서방세계와 문화충돌』, 도서출판 글마당, pp. 120~130.

■ 성명서 낭독

11일 한 이슬람 웹사이트가 동영상으로 공개한 미국인 인질 니컬러스 버그 살해 장면. 펼침막이 붙은 채 앉아 있는 인질 뒤로 복면을 한 이라크 무장세력 중 한 사람(가운데)이 성명서를 낭독하고 있다.

■ 칼 꺼내기 직전

가운데서 앉아 있는 사람(인질)의 낭독을 마친 뒤 인질을 살해하기 위해 긴 칼을 꺼내고 있다.

■ 넘어뜨리는 순간

가운데 남자가 별로 몸을 내리치기 위해 머리를 붙들고 넘어뜨리고 있다.

■ 비명지르는 美인질

참혹 옥이 베어지기 직전 인질이 쓰러지며 비명을 지르고 있다.

알 카에다, 美민간인 공개 참수… 美전역 "경악"

이라크테러 총지휘 자르카위가 직접 살해
"인질·수감자 교환 제안했으나 美가 거절"

11일 이라크에서 국제 테러조직인 알 카에다와 연관된 무장단체가 한 미국인의 목숨을 빼는 장면이 이슬람 웹사이트에 공개됐다. 이들은 여객 참수(斬首)가 미군의 이라크인 포로 학대 사건에 대한 복수라고 공언, 아랍권의 분적적인 보복을 예고했다.

이라크 내 무장단체 대원 5명은 미국인 민간 건설업자인 니컬러스 버그(Nicholas Berg·26)의 목을 빼는 모습을 담은 비디오 화면을 11일 '문타다 알 안사르'라는 이슬람 웹사이트에 게재했다. 부장단체 중 한 사람이 "우리는 여 안철을 아부 그레이브 교도소의 일부 수감자와 교환할 것을 며 행정부에 제안했으나 거절했다"며 말했다.

니컬러스 버그는 자신의 미국 펜실베이니아주 웨스트체스터 출신이라고 밝혔고, 가족원의 이름을 열거했다.

참수당한 니컬러스 버그
유대교 믿는 통신 기술자
이라크서 일거리 찾다 참변

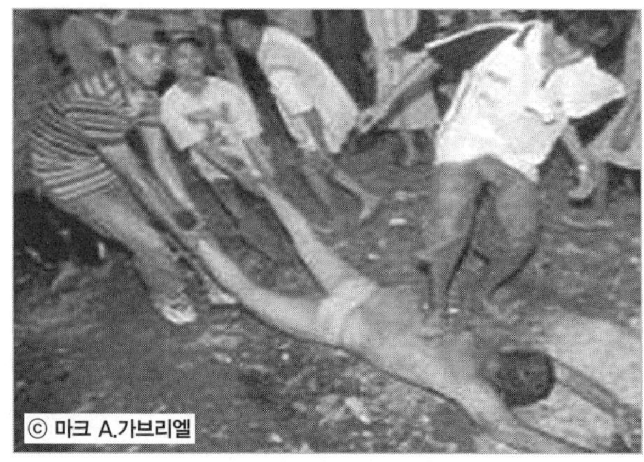

오열하는 가족 이라크에서 처형세력에게 참수·살해된 니컬러스 버그의 아버지 마이클 버그(가운데)가 11일 펜실베이니아주 웨스트체스터 자택에서 아들의 사망 소식을 전해 들은 뒤 딸 세라를 부둥커안고 침통해하고 있다. AP연합

"이라크인 對美분노 극에 달했다"

본지, 현지인들 통화

ⓒ 마크 A.가브리엘

사진 _ 이슬람 무상난체인 알 카에다가 유대교를 믿는 미국인 사업가 니컬러스 버그를 살해한 사건 (조선일보 2004년 5월 13일자)

사진 _ 인도네시아에서 기독교인이라는 이유로 무슬림들에 의해 처참하게 죽임을 당한 청년

모든 인간은 생명권과 신체의 자유와 안전을 누릴 권리가 있다.

다음은 이 조항에 위배되는 이슬람법에 대한 설명이다.

아래 사람은 아무 죄도 짓지 않은 그저 평범한 사람이다. 그러나 이 사람은 이슬람법에 크게 위배되는 비 무슬림이기 때문에 기독교인이라는 단순히 그 이유만으로 이런 고통을 당하고 있다.

Quran 9:5

فَإِذَا انسَلَخَ الْأَشْهُرُ الْحُرُمُ فَاقْتُلُوا الْمُشْرِكِينَ حَيْثُ وَجَدتُّمُوهُمْ وَخُذُوهُمْ وَاحْصُرُوهُمْ وَاقْعُدُوا لَهُمْ كُلَّ مَرْصَدٍ فَإِن تَابُوا وَأَقَامُوا الصَّلَاةَ وَآتَوُا الزَّكَاةَ فَخَلُّوا سَبِيلَهُمْ إِنَّ اللَّهَ غَفُورٌ رَّحِيمٌ

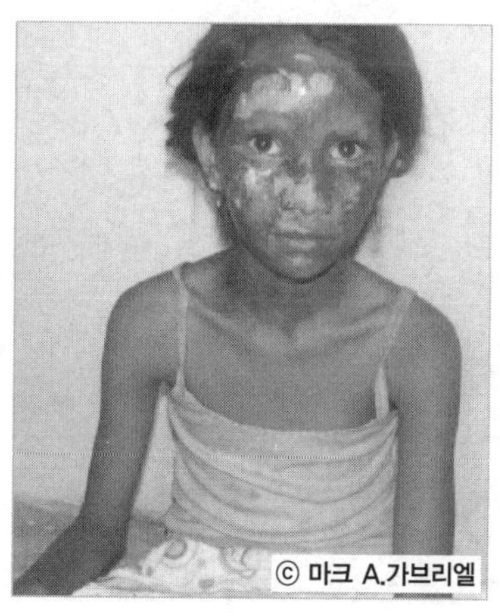

© 마크 A.가브리엘

사진 _ 무슬림들의 공격으로 화상을 입은 소녀

금지된 달이 지나면 너희가 발견하는 이교도들마다 살해하고 그들을 포로로 잡거나 그들을 포위할 것이며 그들에 대비하여 복병하라.

- 꾸란 9:5 (칼의구절)

ⓒ 마크 A.가브리엘

ⓒ 마크 A.가브리엘

사진 _ 인도네시아에서 무슬림들의 공격에 의해 전소된 교회 내부(위)와 기독교인의 집(아래)

어느 누구든지 노예의 신분이나 노예의 상태에 얽매어 있지 아니한다. 노예제도와 노예매매는 어떤 형태이건 금지된다.

다음은 이 조항에 위배되는 이슬람법에 대한 설명이다.

Hadith :

في السيرة الحلبية للامام برهان الدين الحلبي

بعث النبي صلعم بسبايا بني قريظة إلى نجد فأبتاع بهم خيلا وسلاحا وفي لفظ بعث سعد بن عبادة إلى الشام بسبايا يبيعهم ويشتري بهم سلاحا وخيلا فأشترى بذلك خيلا كثيرا قسمها صلعم على المسلمين وأشترى عثمان بن عفان وعبد الرحمن بن عوف رضى الله عنهما جملة من السبايا قسمين جعل الشابات على حدة

무함마드는 바누 꾸라이자(Banu Quraiza) 유대인 부족의 모든 유대인들을 죽였고 그들의 아내와 어린이는 노예로 팔았다. 그리고 그 돈으로 그는 무기와 말을 샀다.

→ 무함마드 치하에서의 노예무역*

하디스에 의하면 무함마드는 꾸라이자의 모든 유대인을 죽이고 그들의 아내와 자식들을 팔아버렸는데 이것이 노예무역의 시작이 되었고, 무함마드는 그 돈으로 무기와 말들을 샀다. 이처럼 무함마드가 그당시 노예무역을 했다는 사실을 아는 사람은 그리 많지 않다.

---

* 마크 A. 가브리엘, 『이슬람과 유대인, 그 끝나지 않은 전쟁』, 도서출판 글마당, pp. 157~165.

그는 하루에 꾸라이자족을 9백 명이나 죽였다. 그래서 오늘날 모든 무슬림들은 이 사건을 여전히 그들이 본받아야 할 중요한 사건으로 기억하고 이를 행하고 있다.

지금도 수단에서 무슬림들은 많은 기독교 흑인들을 죽이거나 노예로 팔아 버린다. 스위스에 본부를 둔 CSI*에서 이 노예를 사서 풀어주는 사역을 하고 있다. CSI는 그들의 부르짖는 소리를 듣고 이러한 사역을 하고 있다. 순진하고 죄없는 그들을 살려주기 위해 수단에 있는 무슬림에게 돈을 지불하고 풀어준다. 이는 7세기 무함마드 시절의 무슬림들이 하던 행동과 동일하다. 일반인들이 상상하기도도 어려운 일들이다. 그러나 지금 지구촌 곳곳에서 기독교인을 잡아들여 노예로 팔고 있는 사실이 버젓이 일어나고 있다.

사진 _ 무슬림들에 의해 팔려간 수단의 노예들

---

* www.csi-schweiz.ch 참조

제 5 조

어느 누구든지 고문이나 가혹한 행위, 비인도적이거나 모욕적인 처우 또는 형벌을 받지 아니한다.

다음은 이 조항에 위배되는 이슬람법에 대한 설명이다.

Quran 5:33

إِنَّمَا جَزَاءُ ٱلَّذِينَ يُحَارِبُونَ ٱللَّهَ وَرَسُولَهُ وَيَسْعَوْنَ فِى ٱلْأَرْضِ فَسَادًا أَن يُقَتَّلُوا أَوْ يُصَلَّبُوا أَوْ تُقَطَّعَ أَيْدِيهِمْ وَأَرْجُلُهُم مِّنْ خِلَافٍ أَوْ يُنفَوْا مِنَ ٱلْأَرْضِ ذَٰلِكَ لَهُمْ خِزْىٌ فِى ٱلدُّنْيَا وَلَهُمْ فِى ٱلْآخِرَةِ عَذَابٌ عَظِيمٌ

알라와 그분의 사도에 대해 전쟁을 일삼는 자들과 지상에 부패행위를 퍼뜨리고자 애쓰는 자들에 대한 보상은 그들 대다수가 살해되거나 십자가에 못박히거나 그들의 손과 발이 잘리거나 지구로부터 [완전히] 내쫓길 것이라. : 이는 이 세상에서 그들에게 치욕이 될 것이다. 그러나 다가올 세계에서 엄청난 고통이 그들을 기다리고 있다.　　　　－ 꾸란 5:33, M. Asad 역

Hadith :

سنن أبي داود
أن قوما من عكل أو قال من عرينة قدموا على رسول الله صلى الله عليه وسلم فاجتووا المدينة فأمر لهم رسول الله صلى الله عليه وسلم بلقاح وأمرهم أن يشربوا من أبوالها وألبانها فانطلقوا فلما صحوا قتلوا راعي رسول الله صلى الله عليه وسلم واستاقوا النعم فبلغ النبي صلى الله عليه وسلم خبرهم من أول النهار فأرسل النبي صلى الله عليه وسلم في آثارهم فما ارتفع النهار حتى جيء بهم فأمر بهم فقطعت أيديهم وأرجلهم وسمر أعينهم وألقوا في الحرة يستسقون فلا يسقون

하디스 역시 이렇게 말하고 있다.

어떤 도둑이 무함마드의 낙타를 훔쳤는데 무함마드는 이에 대한 처벌로 그 도둑의 손과 발을 잘라버리고,* 그들의 눈에 못을 뜨겁게 달구어 찔러 봉사로 만들어 버리라고 명령했다.

이슬람법에서는 어떻게 손과 발을 자르는지 말하고 있는데 다른 방향의 손과 발을 자르라고 한다. 오른손을 자르면 왼발을 자르고, 다음에 잡히면 왼손과 오른발을 자르고, 다음에는 목을 자르라고 말하는 것이다. 다음에는 달군 못으로 눈을 찔러라고 명하였다.

이는 UN인권선언에서 명확하게 금지하고 있는 잔혹행위이다. 아래의 이 조항은 성경 마태복음 7장에 있는 황금률이며 인권선언 22조항도 신약성경을 기초로 하고 있다.

비판을 받지 아니하려거든 비판하지 말라 너희의 비판하는 그 비판으로 너희가 비판을 받을 것이요 너희의 헤아리는 그 헤아림으로 너희가 헤아림을 받을 것이니라 어찌하여 형제의 눈속에 있는 티는 보고 네 눈속에 있는 들보는 깨닫지 못하느냐 보라 네 눈속에 들보가 있는데 어찌하여 형제에게 말하기를 나로 네 눈속에 있는 티를 빼게 하라 하겠느냐 외식하는 자여 먼저 네 눈속에서 들보를 빼어라 그 후에야 밝히 보고 형제의 눈속에서 티를 빼리라 거룩한 것을 개에게 주지 말며 너희 진주를 돼지 앞에 던지지 말라 저희가 그것을 발로 밟고 돌이켜 너희를 찢어 상할까 염려하라 구하라 그러면 너희에게 주실 것이요 찾으라 그러면 찾을 것이요 문을 두드리라 그러면 너희에게 열릴 것이니 구하는 이 마다 얻을 것이요 찾는 이가 찾을 것이요 두드리는 이에게 열릴 것이니라 너희 중에 누가 아들이 떡을 달라 하면 돌을 주며 생선을 달라 하면 뱀을 줄 사람이 있겠느냐 너희가 악한 자라도 좋은 것으로 자식에게 줄줄 알거든 하물며 하늘에 계신

아버지께서 구하는 자에게 좋은 것으로 주시지 않겠느냐 그러므로 무엇이든지 남에게 대접을 받고자 하는대로 너희도 남을 대접하라 이것이 율법이요 선지자니라 좁은 문으로 들어가라 멸망으로 인도하는 문은 크고 그 길이 넓어 그리로 들어가는 자가 많고 생명으로 인도하는 문은 좁고 길이 협착하여 찾는 이가 적음이니라 거짓 선지자들을 삼가라 양의 옷을 입고 너희에게 나아오나 속에는 노략질하는 이리라 그의 열매로 그들을 알찌니 가시나무에서 포도를 또는 엉겅퀴에서 무화과를 따겠느냐 이와 같이 좋은 나무마다 아름다운 열매를 맺고 못된 나무가 나쁜 열매를 맺나니

- 마 7:1~17

죄는 미워하되 인간은 미워하지 말라는 격언도 있다. 나쁜짓을 한 사람에게 당연한 형벌이 있어야 되겠지만 이슬람법에 의한 형벌을 내리면 용서와 화해, 사랑, 회개를 할 기회는 전혀 없지 않은가?

사진 _ 이슬람의 샤리아법에 의해 물건을 훔친 소녀에게 자행된 처벌로 잘린 손과 발을 들고 가는 모습. 한낱 1/4 달러(약 300원 정도)만 훔쳐도 손을 자르라고 명하며 강도행위는 투옥이나 사지 절단형 또는 사형(중범죄자인 경우 십자가형)을 규정하고 있다. *

---

* 마크 A. 가브리엘, 『이슬람, 서방세계와 문화충돌』, 도서출판 글마당, pp. 186~187.

모든 인간은 어디서나 법 앞에서 한 인격체로 인정받을 권리를 갖는다.

다음은 이 조항에 위배되는 이슬람법에 대한 설명이다.

Quran 4:80

مَن يُطِعِ الرَّسُولَ فَقَدْ أَطَاعَ اللَّهَ وَمَن تَوَلَّىٰ فَمَا أَرْسَلْنَاكَ عَلَيْهِمْ حَفِيظًا

무함마드에게 복종하는 자가 알라에게 복종하는 자라. – 꾸란 4:80

Quran 59:7

مَّا أَفَاءَ اللَّهُ عَلَىٰ رَسُولِهِ مِنْ أَهْلِ الْقُرَىٰ فَلِلَّهِ وَلِلرَّسُولِ وَلِذِى الْقُرْبَىٰ وَالْيَتَامَىٰ وَالْمَسَاكِينِ وَابْنِ السَّبِيلِ كَىْ لَا يَكُونَ دُولَةً بَيْنَ الْأَغْنِيَاءِ مِنكُمْ وَمَا ءَاتَاكُمُ الرَّسُولُ فَخُذُوهُ وَمَا نَهَاكُمْ عَنْهُ فَانتَهُوا وَاتَّقُوا اللَّهَ إِنَّ اللَّهَ شَدِيدُ الْعِقَابِ

무함마드가 너희에게 주는 것을 무엇이든 받고 그가 너희에게 금지하는 일은 하지 말라. – 꾸란 59:7

Quran 4:115

وَمَن يُشَاقِقِ الرَّسُولَ مِنْ بَعْدِ مَا تَبَيَّنَ لَهُ الْهُدَىٰ وَيَتَّبِعْ غَيْرَ سَبِيلِ الْمُؤْمِنِينَ نُوَلِّهِ مَا تَوَلَّىٰ وَنُصْلِهِ جَهَنَّمَ وَسَاءَتْ مَصِيرًا

올바른 길을 명확히 제시받은 후에도 무함마드의 말을 부인하고 반대하고 믿는 자의 방식을 따르지 않는 자에게 우리는 그가 선택한 길로 가게 내 버려 둠으로써 그자가 결국 지옥의 불구덩이에 빠지게 할 것이다. 얼마나 끔찍한 결과인가?　　　　　　　　　　　　　　　　　　　　　　- 꾸란 4:115

사진 _ 2009년 9월 11일 이슬람 테러리스트들의 자살테러 공격에 의해
3천여 명이 희생된 뉴욕 세계무역센터 건물이 폭파되는 장면 *

---

* 마크 A. 가브리엘, 『이슬람 테러리스트의 마음 엿보기』, 도서출판 글마당, pp. 148~162.

'예멘 유가족' 차량에도 자폭테러… "한국인 겨냥했다"

대응팀 포함 모두 무사

지난 15일 예멘에서 발생한 한국인 상대 폭탄 테러 사건을 수습하기 위해 현지에 파견된 정부 대응팀과 유가족이 탄 차량이 18일 예멘 수도 사나에서 폭탄 테러라고 주장되는 공격을 받았다. 사상자는 없었지만 15일 한국인 관

광객 4명의 목숨을 앗아간 테러가 '외국인에 대한 무차별 테러'가 아닌 한국인을 표적으로 한 것일 가능성이 커지고 있다는 관측이 나오고 있다. 예멘 내무부는 "한국 정부 대응팀과 유가족이 탄 차량이 자살 폭탄 테러 공격의 목표물이었다"고 18일 공식성명을 통해 확인했다.

정부 담당자는 18일 "현지시각으로 순찰 8시40분(한국시각 오후 2시40분)쯤 대응팀 4명 중 2명과 유가족 3명을 포함한 5명이 먼저 경찰차를 앞세우고 차량 2대에 나눠 타고 사나 시내로 호텔을 출발, 공항으로 가던 중 경찰차의 대응팀이 탄 차량 사이에서 폭탄이 터졌다"며 "차량 유리창이 부서지고 별

꺼가 심하게 튀그라졌지만 인명 피해는 없었다"고 했다. 예멘 대사관 관계자는 현지와의 통화에서 "차량 사이에 사람이 하나 뛰어들었다. 뭇 속에 폭탄을 숨기고 있어서 그런지 겉으로 보기에는 아무런 도구가 없었고 혈액인지 테러범인지 분간할 수 없었다"고 했다.

정부 담당자는 "차량에 우리측에서 나온 것이 아닌 혈흔이 묻어 있는 것으로 볼 때 자살 폭탄 테러로 추정된다"고 했다.

15일 발생한 테러 희생자 유가족은 사고 이후 사나공항으로 이동, 한국으로 돌아오는 항공편에 탑승했으며, 정부 대응팀은 예멘 담당자와 15일 사건 수사가 마무리되지 않아 담당인 현지

에 머무를 예정이다.

외교통상부 문태영 대변인은 "정부는 모든 가능성을 염두에 두고 대책을 마련 중이며 우선 종du장작 주재 우리 공관과 자·상사, 교민, 여행객들에 대해 각별한 안전조처를 취하도록 조치하고 있다"고 말했다.

임민혁 기자 lmhcool@chosun.com

관련기사 A4면

사진 _ 예멘에서 자폭테러로 인해 한국인 사망 (조선일보 2009년 3월 19일자 기사)

3월 자폭테러로 한국인 4명 숨진 예멘서 또…

붉성 그칠 날 없는 예멘 지난 8일 예멘 남부의 분리 독립을 주장하는 무장단체가 사나에서 남쪽으로 320㎞ 떨어진 라드푸에서 경찰이 숨진 시위대 6명의 죽음에 항의하는 집회를 벌이고 있다. 지난 1990년 남예멘과 북예멘이 공식 합병된 뒤 남부의 독립 요구 시위가 끊이지 않고 있다.

엄씨, 휴일 맞아 산책갔다 결국 못돌아와

휴일을 맞아 가벼운 마음으로 떠났던 산책이 끝내 참극(慘劇)이요로 이어졌다.

12일 예멘 북부 사다에서 실종됐던 한국인 엄영선(여·34)씨와 국제구호단체 월드메디컬채널스 소속 봉사자들은 실종 8일 만에 모두 살해된 채 15일 오전 사다지대 외곽의 옐 나무린 마을 인근 산악지대에서 폭동들에 5명이 발견됐다고 AP통신이 보도했다. AP통신은 "먼저 발견된 시신 3구가 훼손돼 있었다"고 보도했고, 독일 DPA통신은 예멘의 한 보안 관계자의 말을 인용해 대통이 총에 맞아 살해됐다고 보도했다. 예멘 군 당국은 성명에서 "처음 발견된 시신 3구는 피살된 간호사 2명과 한국인 엄씨의 것"이라고 밝혔다. 한 외교부도 실해된 엄씨와 함께 사다에서 근무하고 있었는 한국인 의사들 몸의 일부도 신원을 확인했다.

엄씨는 작년 8월부터 사다에 거주하면서 의료 봉사를 하는 한국인 의사들을 도와 이들 가족의 자녀 교육을 지원했으며, 오는 8월 귀국을 예정이었다. 사다에서는 엄씨와 외국인 의사 4명과 가족 등 모두 8명이 거주하고 있었다.

실종 당일은 이슬람 휴일인 금요일이었다. 엄씨와 외국인 가족들은 집에서 차로 15분 떨어진 '와디(wadi·물

여 없는 계곡)'로 산책을 떠났다. 오후 6시쯤 돌아오겠다고 말했었다. 나무도 물도 없지만 와디는 이날 동행한 독일인 대사 부부의 자녀들이 피소에도 좋아하던 장소였다.

또 시다지에서 그리 멀지 않은 데다가 주변에 현지인 마을도 있어 그다지 위험하지 않은 지역으로 간주되던 곳이라고 사다의 한국인 의사 가족들은 말했다.

예멘 정부는 "반군 소행" 부족 지도자 "알카에다 짓" 일부 시신 얼굴 등 훼손

했다. 이들어 실종된 12월 당일에도 외다네서 엄씨 일행을 본 주민들도 있었다. 따라서 산책을 마치고 돌아오는 길에 무장단체에 남치된 것으로 추진된다. AFP통신은 엄씨 일행의 시신이 이 지역 부족장의 아들 시신과 함께 놓여 있었다고 전했다.

여들을 납치·살해한 배후로 예멘 당국은 압델 말라 알 후티(Huthi)가 이끄는 이슬람 시아파 무장세력 후티 자녀다'를 지목했지만 이들은 줄곧 혐의 사실을 부인했다. 이들은 2004년부

더 경제적, 종교적 차별 철폐를 외치며 중앙 정부를 상대로 무장 봉기를 일으켰다. 여 과정에서 자신들의 요구를 관철하기 위해 반번하게도 외국인을 납치하고 했다.

우리 외교부는 지난 5월부터 이 지역을 여행경보 3단계인 여행자제지역으로 지정했다. 그러나 대한 납치·살해사건의 경우 몸값을 요구하거나 정 치적 요구를 하는 단체가 아직 나타나지 않았다. 예전 납치사건 발생 하루 전인 11일 현지 부재와 사다자의 한 병원에서 일하는 의사·간호사 24명을 납치했다가 하루 만에 4명씩하는 사건이 발생하기도 했다.

한편 가장 많은 자국민이 납치된 독일 정부는 사건 발생 때부터 납치된 자신들의 신변 확인을 거부하는 장례를 괴했다. 독일 외무부는 그간 "예멘 당국과 긴밀한 접촉을 유지하고 있다"고만 밝혀 왔다.

당당했던 그녀 12월 예멘에서 남치됐다가 사망한 것으로 확인된 엄영선씨가 한 포털사이트에 게재한 블로그에 지난 1월 28일 올린 사진. 자동차 위에 올라서 많은 자신의 사진과 함께 "예멘에 자년째 10월 도착했다. 지금까지 잘 지내고 있으며 새로마다는 이름의 착한 소년을 가리키고 있다. 하느님께 감사한다"는 글을 올렸다.

피랍에서 사망까지(한국시각)

● 8월 12일 오후 16시: 엄씨 등 9명, 15분 거리의 와디들이 따른 계곡으로 간다고 떠남

● 13일 오전 1시: 12월 자정까지 돌아오겠다던 일행 돌아오지 않고 연락 두절, 외합 추정

● 15일 오후 7시: 일행 중 일부의 시신이 사나 북부 지역에서 발견됐다고 외신이 보도

● 15일 오후 11시: 엄씨 포함 9명 전원이 사망했다고 외신이 보도

시신 발견지점

원정환 기자 won@chosun.com

테러 온상된 예멘 왜?

1인당 총기 3정… 알카에다 새 둥지
테러효과 극대화 위해 외국인 노려

예멘 납치·살해 테러를 자지른 조직은 아직 드러나지 않았다. 예멘 정부는 애초 이들 외국인의 납치된 지난 12일 배후 세력으로 예멘 서북부의 사다에서 주로 활동하는 이슬람 시아파 반군 집단인 '후티 그룹'을 배후로 지목했지만, 여 단체는 변명을 부인했다.

한편, 희생자들의 시신이 발견된 예멘 사다주(州) 북부의 산악지대 옐 나수로 마을은 이슬람 극단주의 테러집단 알 카에다 예멘 지부와 은신처로 알려져 있다. 시신이 발견된 직후 이 지역의 한 부족 지도자는 AP통신에서 알 카에다가 배후에 있다고 주장했다.

'아라비아 반도의 알 카에다'로도 알려진 알 카에다 예멘 지부는 지난 3월 15일에도 예멘의 고대 유적지 시발에서 자폭 테러를 자행된 한국인 관광객 4명을 살해했다. 알 카에다는 사흘 후 여 사건을 조사·수습하기 위해 유가족과 함께 현장을 찾은 한국 정부의 신호대응된 차량을 노려 2차 자폭 테러도 시도했다. 당시 피해는 없었다.

예멘 정부는 현재 알 카에다에 대한 대대적인 검거작전을 벌이는 중이다.

한국인을 대표로에 외국인 9명이 남치된 지난 12일에도 예멘 정부는 알 카에다의 자림 용의터 사무다아라비아 국적의 하산 후세인 빈 알말린(Alwan)을 포함했다고 발표했다. 만약 이번 납치·살해사건이 알 카에다의 소행으로 최종 확정될 경우, 변 알란 체포에 대한 보복 차원에서 이뤄졌음을 암시하는 대목이다.

예멘정부 대대적 검거 작전에 알카에다, 보복 테러 가능성

아여들을 포함해 외국인 희생자를 여 무참하게 살해된 점도 알 카에다의 소행으로 보는 이유다.

알 카에다는 수년 전부터 예멘에서 준동하기 시작했다. 사우디 아라비아가 알 카에다 세력에 대해 대대적인 검거에 나서면서 '생존 위기'에 몰린 알 카에다 세력은 바로 이웃인 예멘으로 물거졌다. 최근에는 파키스탄과 아프

가니스탄 지역의 알 카에다 세력들이 미국과 나토(NATO·북대서양조약기구)군의 집중 공격을 받으면서 예멘과 소말리아 일대 깊이 예방부터 정권이 들어선 이슬람 국가들과 무슬림 인구가 크게 증가한 유럽으로 점차 이동하고 있다.

예멘의 경우 특히 스스로 부족을 지키는 사막 무법의 문화에 따라 1인당 총기 보급률이 평균 3정에 이를 정도로 무기가 범람한다. 여기에 이웃 사우디에서 시작된 이슬람 수니파 근본주의의 영향권에도 있어 알 카에다가 활동하기에 적절한 토양을 갖추고 있다고 서방 정보기관들은 분석한다.

하지만 자금의 알 카에다는 2001년 9·11 테러를 일으킬 때와 같은 중앙 집권적 단일 지배체제가 아니다. 현재 각계서 지하드(Jihad·이슬람 성전)의 대의(大義)에 동의하는 이슬람 테러조직의 네트워크 연태다. 과거서 테러 대상도 미국과 이스라엘를 같이 열려 있는 강력한 '적' 보다는 역교도(異敎徒) 세력과 협력하는 '가까운 적'인 이슬람 각 국가의 정부와 외국인들을 겨냥한다. 또 보안이 삼엄한 석유생산 시설이나 군사 기지를 공격하는 대신 관광 등 민간인들을 노린 테러로 공포의 확산과 극대화를 노린다.

이용수 기자 hesue@chosun.com

2000년 이후 예멘에서 발생한 외국인 대상 테러

시기	내용
2000년 10월 12일	아덴항에 정박 중인 미 해군 구축함 '콜'에 폭탄 테러, 미군 17명 사망
2002년 12월 30일	지발라 지역의 침례교 병원 피습, 미국인 의사 3명 사망
2007년 7월 2일	마리브의 고대 사원에서 자살 폭탄 테러, 스페인 관광객 7명 사망
2008년 1월 18일	핫도리하무트에서 총격 사고, 벨기에인 관광객 2명 사망
2008년 9월 17일	미 대사관에 차량 폭탄 공격, 예멘인 경비원 16명 사망
2009년 3월 15일	시발 유적 관광객에 폭탄 테러, 한국인 4명 사망

사진 _ 예멘에서 한국인 테러로 사망 (조선일보 2009년 6월 16일자 기사)

UN인권선언에서 바라본 이슬람

제 7 조

모든 인간은 법 앞에 평등하며, 어떠한 차별도 받지 않고 법의 동등한 보호를 받을 권리를 갖는다. 모든 사람은 이 선언을 위반하는 그 어떤 차별에 대해서도 또한 그러한 차별의 선동에 대해서도 동등한 보호를 받을 권리를 갖는다.

다음은 이 조항에 위배되는 이슬람법에 대한 설명이다.

Hadith :

ألا لا فضل :عن جابر رضي الله عنه عن النبي صلى الله عليه وسلم قال لعربي على عجمي ولا لعجمي على عربي ولا لأحمر على أسود ولا صححه .لأسود على أحمر إلا بالتقوى، إن أكرمكم عند الله أتقاكم الألباني

하디스 : 이슬람은 어느 다른 종교보다 우세하다.

무함마드는 말한다 :
오직 이슬람만이 특정인을 다른 사람들보다 우세하게 만든다.
흑인과 백인, 아랍인과 페르시아인 사이에 아무 차이도 없다.

꾸란 9장(Mulsim are superior to others)에서처럼 오직 무슬림만이 다른 사람들보다 우월하다. 이슬람이란 신앙이 그들을 우월하게 만드는 것이다.

거기에는 흑인과 백인, 아랍과 페르시아인들 사이의 차별은 없다. 무슬림은 모든 다른 종교보다 우월하기에 어떤 종교도 이슬람 위에 군림할 수 없다.

이슬람 법을 실천하기 위해 무엇을 해야하는가?

사진 _ 이슬람의 샤리아법에 따르면 무함마드가 9세인 아이샤와 결혼했기 때문에 이후 무슬림 남자들은 9세 이상 소녀와 결혼을 할 수 있다. 때문에 아프가니스탄 노인과 어린 소녀의 결혼식 사진에서 보듯이 이슬람의 어린 소녀들은 불합리한 결혼을 강요당한다. 지난 2월 사우디 아라비아에서는 12세 소녀가 80세의 남편을 상대로 이혼 소송을 제기했다. 현재 사우디 아라비아의 인권운동가들은 여성들의 최저 결혼 연령을 16~18세로 정하는 법안 개정 운동을 펼치고 있다.

시아파 무슬림들은 1300년 전 수니파에 항거하다가 케르발라 전투에서 숨진 후세인 이븐 알리(무함마드의 아들)를 기념하기 위해 매년 그들의 최대 종교 행사인 아슈라(Ashura)를 열고 자해를 통해 순교자를 추념한다.

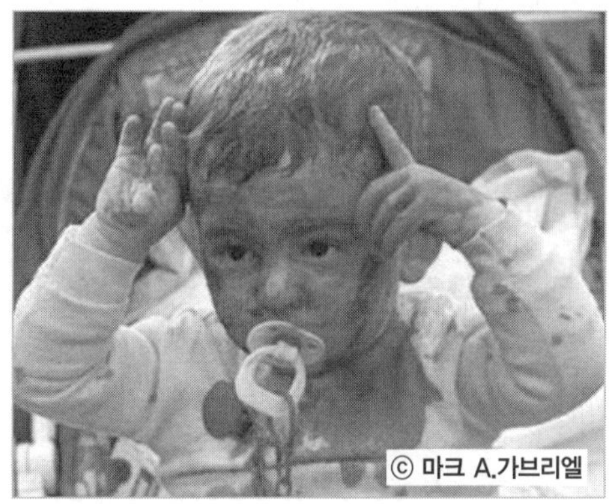

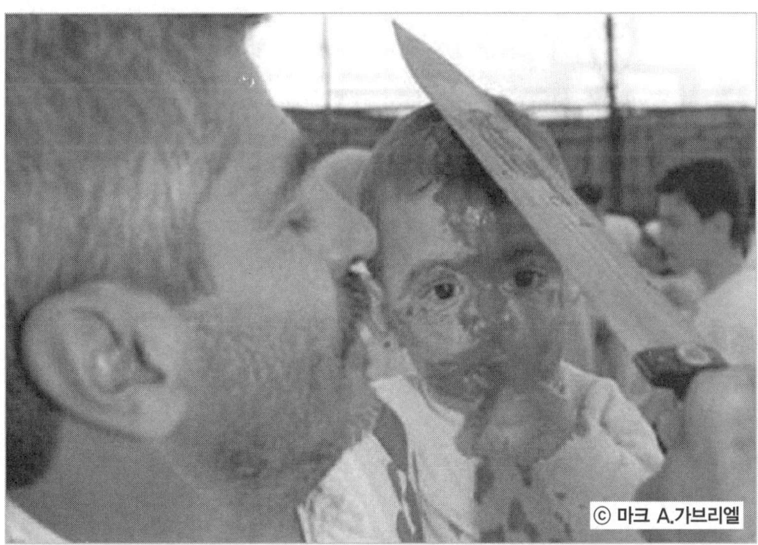

사진 _ 시아파 무슬림인 아버지가 어린 자식에게 자해를 시켜 피를 흘리고 있다. 이렇게 함으로써 이들은 7세기 무함마드의 아들을 지키지 못한 것에 대한 죄스러움을 갚는다고 생각한다.

누구든지 임의적인 체포, 구금 또는 추방을 당하지 않는다.

모든 사람은 이 선언의 위반과 여하한 차별대우의 선동에 대한 이러한 어떠한 차별대우에 대해서도 동등하게 보호되어야 한다.

다음은 이 조항에 위배되는 이슬람법에 대한 설명이다.

Quran 60:1

يَـٰٓأَيُّهَا ٱلَّذِينَ ءَامَنُوا۟ لَا تَتَّخِذُوا۟ عَدُوِّى وَعَدُوَّكُمْ أَوْلِيَآءَ تُلْقُونَ إِلَيْهِم بِٱلْمَوَدَّةِ وَقَدْ كَفَرُوا۟ بِمَا جَآءَكُم مِّنَ ٱلْحَقِّ يُخْرِجُونَ ٱلرَّسُولَ وَإِيَّاكُمْ أَن تُؤْمِنُوا۟ بِٱللَّهِ رَبِّكُمْ إِن كُنتُمْ خَرَجْتُمْ جِهَـٰدًا فِى سَبِيلِى وَٱبْتِغَآءَ مَرْضَاتِى تُسِرُّونَ إِلَيْهِم بِٱلْمَوَدَّةِ وَأَنَا۠ أَعْلَمُ بِمَا أَخْفَيْتُمْ وَمَا أَعْلَنتُمْ وَمَن يَفْعَلْهُ مِنكُمْ فَقَدْ ضَلَّ سَوَآءَ ٱلسَّبِيلِ

믿는 자들아! 알라의 적과 너희의 적을 친구로 삼아 너희에게 도래한 진리를 거역하고 알라를 믿는다 하여 무함마드와 너희를 추방한 저들에게 사랑을 베풀려 하느냐. 너희가 알라의 길에서 지하드(성전)하고 알라의 기쁨을 추구하려 한다면 저들에게 사랑을 베풀지 말라. 알라는 너희가 숨기는 것과 드러내는 모든 것을 알고 계시나니 이렇게 행하는 자 누구든 올바른 길에서 벗어난 자들이니라.   - 꾸란 60:1

chosun.com

탈레반, 10대 소년에 "자폭테러는 천국행 티켓"

조선닷컴

기사 100자평 (1)

"지상의 삶은 낭비다. 자살폭탄 공격으로 죽으면 천국에 간다"

이슬람 극단주의 세력인 탈레반이 순진한 10대 청소년들을 자폭테러에 나서도록 교육시키는데 사용한 문구다. 미국 CNN방송 인터넷판은 5일 탈레반의 '종교 세뇌교육'이 이뤄지고 있는 파키스탄 북부 산악지역의 나와즈코트 훈련시설 모습을 공개했다.

200~300명을 수용할 수 있는 기지의 벽에는 천국을 묘사한 화사한 그림이 그려져 있다. 그림에는 처녀와 동물들이 우유와 꿀이 흐르는 강 주변에서 노닐고 있다. 무슬림들이 성스러운 예언자와 함께 연회를 즐기는 모습도 있다.

전문가들은 "외부 세계와 고립된 채 가난과 궁핍 속에서 절망적인 삶을 살아가는 아이들은 이같은 황당한 얘기에도 쉽게 속아 넘어간다"고 말했다. 이들은 종교 교육 외에 총기사용, 자살용 재킷제작, 매복 등 군사교육도 함께 받는다. 부모들은 끼니를 해결하고, 교육까지 받을 수 있다는 생각에 아이들을 기지로 보내는 것으로 알려졌다.

전문가들은 "자살폭탄 테러범 가운데 90% 가까이가 12~18세 청소년"이라며 "굶주린 청소년들이 반군 집단에 가담하는 악순환을 막으려면 빈곤을 퇴치하는 것이 급선무"라고 밝혔다.

사진 _ 탈레반에 의해 10대 소년들이 자폭테러를 강요당한다는 기사 (조선일보 2009년 6월 16일자)

10살짜리 어린이들 "나는 전사가 될거야"
〈무지혜딘·戰士〉

파키스탄 이슬람학교 '마드라사' 르포

파키스탄 소년 무하마드 타히르(Tahir)의 꿈은 "이슬람을 지키는 무자헤딘(전사·戰士)이 되는 것"이라고 했다. 이제 나이 열 살이다. 어느새 주변에 몰려든 30여 명의 비슷한 또래 아이들도 연달아 "무지혜딘"을 외쳤다.

9일 오전 파키스탄 북서부 대도시 페샤와르(인구 150만 명) 시내 한복판에 위치한 최대 마드라사(이슬람학교)인 '자미아 임다두 올룸.' 이슬람 사원 1층에 자리 잡은 이 마드라사의 한 커다란 홀에선 250명의 아이들이 나이(6~15세)에 따라 8개 반으로 나뉘어 눈을 감고 고개를 끄덕이며 코란(이슬람 경전)을 암송하고 있었다. 이들은 금요일(공휴일)을 제외한 하루 8교시 중 대부분을 코란과 예언자 무하마드의 언행록인 하디스를 배우며 보낸다.

아프가니스탄에 인접한 페샤와르는 파키스탄 내 이슬람 근본주의 세력의 온상(溫床)이다. 언어도 아프가니스탄 최대 언어인 파슈토어를 쓴다. 아프가니스탄을 점령한 소련에 맞서 싸웠던 수많은 무자혜딘들과 아프가니스탄 탈레반 세력이 모두 이 지역 마드라사 출신이다. 시내 사다르 시장 입구엔 "탈레반이여, 일어나라. 우리는 당신들과 함께한다"는 파슈토어 구호가 나붙었다.

수도 이슬라마바드에서 기자의 취재를 도운 현지 언론인들은 페샤와르에선 "자동차와 약속된 장소를 절대로 벗어나지 말고, 이슬람 전통의상 샬와카미즈(shalwar-kameez)를 입으라"고 했다. 파키스탄 정부군이 페샤와르가 속한 북서변경주(NWFP)에서 탈레반·알카에다 축출 전쟁에 나서면서, 외부인에 대한 반감(反感)이 극에 달했다.

'자미아 임다두 올룸' 마드라사 원장인 아타울 하크(Haq)는 결코 총을 들고 싸우는 무자혜딘을 양성하려는 것이 아니라고 강조했다. 그러나 타히르의 담임교사인 모하마드 쇼아이브(Shoeib)는 "반미는 이슬람 아이들에겐

9일 오전 파키스탄 북서부 대도시 페샤와르 시내의 한 마드라사(이슬람학교)에서 학생들이 진지한 표정으로 코란(이슬람 경전) 학습에 열중하고 있다. 페샤와르=최현묵 기자

숙식 제공하며 '이슬람 근본' 교육
"야만적인 美, 무슬림 학살" 주장

태생적"이라며, "아프가니스탄과 이라크에서 수많은 무슬림을 학살하는 미국의 야만성을 따로 가르칠 필요가 없다"고 했다. 그는 두 나라에서 일어나는 참사의 거의 대부분이 같은 국민인 이슬람 수니파·시아파 간 테러로 인한 것이라는 점은 무시했다.

공부하는 아이들 뒤쪽 수납장엔 이불이 쌓여 있었다. 교실 앞 주방에선 살란(salan·커리와 향) 냄새가 났다. 여섯 살 때 이 학교에 온 타히르는 여기서 무료로 기숙하며 코란을 통해 글을 배운다. 하루 2달러 미만을 버는 집안(전체 가구의 70%)에서 마드라사는 자녀 교육의 '천국'이다. 파키스탄엔 이런 마드라사가 1만2000여 곳이 넘는다.

하지만 한때 공교육을 보완하는 순기능을 하던 마드라사는 최근 일부가 이슬람 테러범 양성소로 변하면서 사회불만 요소가 됐다. 지난 7월 이슬람 테러세력이 정부군과 격렬하게 맞서다가 100여 명이 숨졌던, 이슬라마바드 '붉은 사원(Lal Masjid).' 정부군의 무력진압 3개월 만인 지난 3일 돔(dome)의 색이 붉은색에서 흰색으로 바뀌어 다시 문을 연 이곳은 현재 매일 수백명의 무슬림이 찾는 '성지(聖地)'가 됐다. 정부군 공격으로 파괴된 사원 내 마드라사터에서 만난 무하마드 유수프 아사드(23)는 "친구 20여 명이 이곳에서 싸우다 순교했다"며 "적(정부군)과 싸우다 죽었다면 우리 부모님도 슬퍼하지는 않았을 것"이라고 말했다.

이슬라마바드·페샤와르(파키스탄)=최현묵 기자 swanch@chosun.com

사진 _ 10살짜리 이슬람 테러전사 (조선일보 2007년 10월 10일자)

나우뉴스 News Open World

두 살 아기가 총을?…이슬람 선전 논란

지난 1일(현지시간) 영국 대중지 더 선에 따르면 이슬람 과격단체가 사기를 높이고 공격성을 과시한다는 목적으로 어린이들의 모습이 담긴 사진 여러 장을 공개했다.

그 중 한 장에는 검은색 이슬람 전통 복장을 한 소녀가 순진무구한 표정으로 손가락을 빨며 제 키만한 AK-47 소총을 들고 있는 모습이 담겨 충격을 줬다.

또 다른 사진에는 검은색 깃발을 세운 채 어린이 6 명이 탄환이 가득 찬 무시무시한 무기를 두고 앉아 있는 모습이 담겼다.

더 선은 "사진에 등장한 아이들은 나이가 2살에서 7살 정도로 밖에 안돼 보인다."면서 "싸구려 선전 수단에 아이들을 이용한 무책임한 사례"라고 강도 높게 비판했다.

영국 이슬람당 소속 패트릭 메르세르 의원 역시 "아무것도 모르는 어린 아이들을 비도덕적으로 이용한 것"이라고 목소리를 높였다.

이슬람 과격단체가 선전용 사진에 어린아이들을 등장시켜 국제적 비난을 받고 있다.

사진=더 선

서울신문 나우뉴스 갈결윤기자 newsluv@seoul.co.kr　　　기사일자 : 2009-12-03

사진 _ 이슬람 과격단체, 어린 아이들을 이용한 선전광고 (나우뉴스 2009년 12월 3일자)

■ 이슬람테러리스트의 만행을 소개한 한편의 DVD

원제 **A Mighty Heart** (열정의 여정)

감독 _ 마이클 윈터바텀
출연 _ 댄 퓨터먼 | 데니스 오헤어 | 안젤리나 졸리
제작 _ 파라마운트

테러조직에 납치된 남편!
그리고 그를 구하기 위한 필사적인 아내의 노력!

2002년 1월 23일, 월 스트리트 저널의 남 아시아 지국장 대니얼 펄이 파키스탄에서 취재중에 실종되는 사건이 벌어진다. 임신 6개월이었던 그의 아내 마리안 펄은 그날 밤부터 대니얼의 직장 동료 아스라 노마니와 함께 필사적으로 남편을 찾기 시작한다. 그러나 9.11 테러사건이 일어난 직후의 상황에 파키스탄은 미국과의 관계에 긴장감이 돌고 이러한 상황은 그녀를 더욱 힘들게 한다. 그래도 마리안은 포기하지 않은 채 파키스탄의 대테러 조직 대장인 캡틴과 그의 요원들, 미국 정치안보 요원, 두명의 동료 기자, FBI요원 등과 함께 혼신의 힘을 다한다. 5주라는 시간이 흐르고 마침내 대니얼의 납치범들을 찾아내지만 대니얼은 이미 납치범들에 의해 참수된 것으로 밝혀진다. 대니얼의 사건은 비극적인 사건으로 마무리 되지만 마리안은 공포와 증오에

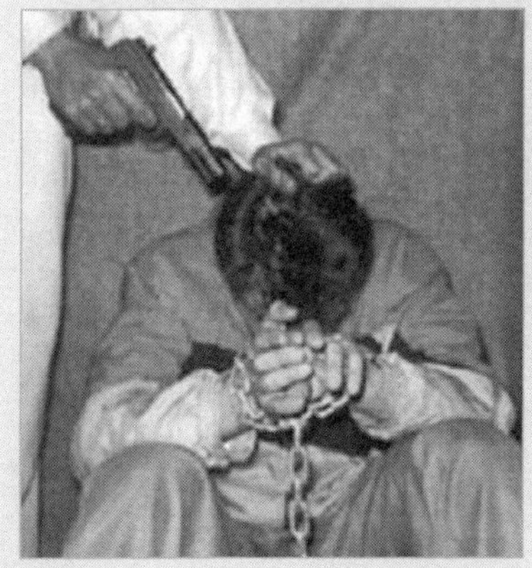

굴복하지 않고 아이의 출생을 위해 고향 프랑스로 돌아간다.

그리고 이 비디오는 대니얼의 죽음 이후 대니얼의 가족들이 만든 '대니얼 펄' 재단에 대한 소개도 하고 있다.

모든 인간은 자신의 권리와 의무 그리고 자신에 대한 형사상의 혐의에 관하여 재판을 받게 될 때, 독립되고 편견없는 법정에서 공정하고도 공적인 심문을 완전히 평등하게 받을 권리를 갖는다.

다음은 이 조항에 위배되는 이슬람법에 대한 설명이다.

Quran 9:12~14

وَإِن نَّكَثُوٓاْ أَيْمَٰنَهُم مِّنۢ بَعْدِ عَهْدِهِمْ وَطَعَنُواْ فِى دِينِكُمْ فَقَٰتِلُوٓاْ أَئِمَّةَ
ٱلْكُفْرِ إِنَّهُمْ لَآ أَيْمَٰنَ لَهُمْ لَعَلَّهُمْ يَنتَهُونَ
أَلَا تُقَٰتِلُونَ قَوْمًا نَّكَثُوٓاْ أَيْمَٰنَهُمْ وَهَمُّواْ بِإِخْرَاجِ ٱلرَّسُولِ وَهُم
بَدَءُوكُمْ أَوَّلَ مَرَّةٍ أَتَخْشَوْنَهُمْ فَٱللَّهُ أَحَقُّ أَن تَخْشَوْهُ إِن كُنتُم مُّؤْمِنِينَ
قَٰتِلُوهُمْ يُعَذِّبْهُمُ ٱللَّهُ بِأَيْدِيكُمْ وَيُخْزِهِمْ وَيَنصُرْكُمْ عَلَيْهِمْ وَيَشْفِ صُدُورَ قَوْمٍ مُّؤْمِنِينَ

그들이 조약을 하고서 조약을 위반하는 것은 너희의 종교를 공격한 것이라 불신자들의 우두머리들에 대항하여 지하드하라. 그리하면 그들의 사악한 행위가 저지될 것이라 조약을 위반하고 메신저를 추방하려 음모하였으며 너희를 공격한 무리에게 지하드하지 않느냐. 알라께 권능이 있나니 너희가 믿는 자들이라면 알라를 두려워하라. 그들에 대항하여 지하드하라…

- 꾸란 9:12~14

제 11 조

1. 형사상의 범죄로 소추당한 모든 사람은 자신의 변호를 위해 필요한 모든 보장들이 행사된 공적 재판에서 법률에 따라 유죄로 판정받을 때까지 무죄로 추정받을 권리를 갖는다.

2. 아무도 그것이 범해질 당시에 국내법 또는 국제법상으로 형사범죄를 구성하지 않았던 행위나 태만으로 인해 형사범으로서의 유죄의 선고를 받지 아니한다. 또한 형사범죄가 행해졌을 당시의 적용가능한 형벌보다 무거운 형벌이 부과되지 아니한다.

다음의 사진과 기사는 이 조항에 위배되는 이슬람법에 대한 설명이다.

사진 _ 언제든지 무고한 시민들을 연행해가는 이집트 경찰

▲ 소말리아의 수도 모가디슈에서 서남쪽으로 20km가량 떨어진 아프고예에서 간통과 살인죄를 지른 두 남성을 공개처형 하는 장면이 공개됐다.

지난 13일(현지시각) 이슬람 강경 반군단체인 '히즈불 이슬람(Hizbul Islam)'이 투석형으로 처형한 남성 모하메드 아부카르 이브라힘(48)의 죄목은 간통죄였다. 이 남성과 관계한 것으로 알려진 1 소녀는 100차례 매질을 당했다. 소녀가 사형을 면할 수 있었던 것은 아직 결혼하지 않은 상태였기 때문.

현지 목격자에 따르면 이브라힘은 땅에 반쯤 묻힌채 반군대원들에 의해 죽을때까지 돌로 맞았다 격자들은 "머리와 몸에 돌을 맞아 피투성이로 처참하게 죽어가다 커다란 돌에 맞은 뒤 곧 숨이 끊 졌다"고 처참했던 당시 상황을 전했다.

살인죄를 저질러 이날 함께 처형된 다른 남성은 그가 살해한 남성의 친척에게 총살형을 당했다.

사진은 살인죄로 체포된 아흐메드 모하무드 아왈레(61)가 처형당하는 모습. (사진=AP) /조선닷

사진 _ 간통죄를 범한 소말리아의 젊은이를 이슬람의 샤리아법에 따라 공개처형하는 광경. 샤리아법은 간음에 대하여 100대의 채찍과 투석형을 집행하게 한다. * (조선닷컴 2009년 12월 15일자)

---

* 마크 A. 가브리엘, 『이슬람, 서방세계와 문화충돌』, 도서출판 글마당, pp. 179~182.

제 12 조

아무도 자신의 사생활, 가족, 집 또는 통신에 대하여 자의적인 간섭을 받지 않으며, 또한 자신의 명예와 신용에 대하여 공격당하지 않는다.

모든 인간은 그러한 간섭과 공격에 대하여 법률의 보호를 받을 권리를 갖는다.

다음은 이 조항에 위배되는 이슬람법에 대한 설명이다.

나는 알 아즈하르 대학에서 교수로 재직중에 이슬람의 교리에 대하여 회의를 느끼면서 학생들과 자유롭게 토론을 한것이 단초가 되어 결국은 학생들과 교수들의 고발에 의해 새벽 3시에 이집트 비밀정보국에 끌려가 보름 동안 온갖 고문을 당하였다. 내가 쓴『이슬람과 테러리즘, 그 뿌리를 찾아서』(도서출판 글마당, 2009)를 읽어보면 그들이 나에게 어떻게 했는지를 상세하게 설명하고 있다.*

나는 죽임을 당할 만큼 범죄를 저지른 적이 없었다. 정말 아무런 죄가 없었다. 내가 죄가 되었던 것은 학교 당국자들에게 소환되어 심문을 받으면서 "나는 꾸란은 하나님의 말씀이라고 생각하지 않는다."라고 말한 것 뿐이다.

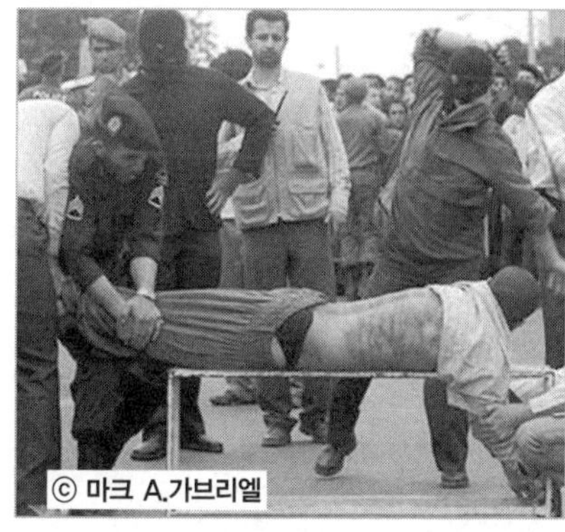

사진 _ 술을 마셨다는 이유로 공개태형을 당하는 무슬림 청년. 이슬람의 샤리아법은 음주행위는 40대 또는 80대의 채찍질을 하게 되어 있다.

---

* 마크 A. 가브리엘,『이슬람과 테러리즘, 그 뿌리를 찾아서』, 도서출판 글마당, pp. 37~45.

1. 성년에 이른 남녀는 인종, 국적 또는 종교를 이유로 한 그 어떤 제한도 받지 않고 결혼하여 가정을 이룰 권리를 갖는다. 이들은 결혼의 기간동안과 그 해소의 시점에 있어 결혼에 관한 동등한 권리를 갖는다.

2. 결혼은 장래 배우자의 자유롭고 완전한 동의에 의해서만 성립된다.

3. 가정은 사회의 자연적이고 근본적인 집단의 단위이며 사회와 국가에 의해서 보호받을 권리를 갖는다.

다음은 이 조항에 위배되는 이슬람법에 대한 설명이다.

Quran 4:3

وَإِنْ خِفْتُمْ أَلَّا تُقْسِطُوا فِي الْيَتَامَىٰ فَانكِحُوا مَا طَابَ لَكُم مِّنَ النِّسَاءِ مَثْنَىٰ وَثُلَاثَ وَرُبَاعَ فَإِنْ خِفْتُمْ أَلَّا تَعْدِلُوا فَوَاحِدَةً أَوْ مَا مَلَكَتْ أَيْمَانُكُمْ ذَٰلِكَ أَدْنَىٰ أَلَّا تَعُولُوا

좋은 여성과 결혼하라. 두번 또는 세번 또는 네번도 좋으니라. 그러나 그녀들에게 공평히 베풀어 줄 수 없다는 두려움이 있다면 한 여성 또는 너희 오른손이 소유하고 있는 여성과 결혼하라. 그것이 너희를 부정으로부터 보호하여 주는 보다 적합한 것이니라. — 꾸란 4:3

남자는 동시에 네 명의 여자와 결혼할 수 있으나 여자는 한 남자와만 결혼할 수 있다. 이처럼 여성에게는 남자와 똑같은 권리가 없다.*

اَلرِّجَالُ قَوَّامُونَ عَلَى النِّسَاءِ بِمَا فَضَّلَ اللّٰهُ بَعْضَهُمْ عَلَى بَعْضٍ وَبِمَا أَنْفَقُوا مِنْ أَمْوَالِهِمْ فَالصَّالِحَاتُ قَانِتَاتٌ حَافِظَاتٌ لِلْغَيْبِ بِمَا حَفِظَ اللّٰهُ وَاللَّاتِي تَخَافُونَ نُشُوزَهُنَّ فَعِظُوهُنَّ وَاهْجُرُوهُنَّ فِي الْمَضَاجِعِ وَاضْرِبُوهُنَّ فَإِنْ أَطَعْنَكُمْ فَلَا تَبْغُوا عَلَيْهِنَّ سَبِيلًا إِنَّ اللّٰهَ كَانَ عَلِيًّا كَبِيرًا

남성은 여성의 보호자라. 이는 알라께서 남성들에게 여성들보다 강한 힘을 주었기 때문이라. 남성은 여성을 그들의 모든 수단으로써 부양해야 하고 건전한 여성은 헌신적으로 남성을 따를 것이며 남성이 부재시 남편의

명예와 자신의 순결을 보호 할 것이라. 순종하지 아니 하고 품행이 단정하지 못하 다고 생각되는 여성에게는 먼저 충고를 하고 그 다음으 로는 잠자리를 같이 하지 말 것이며 그 다음에는 때려 줄 것이라. 그러나 다시 순종 할 경우는 그들에게 해로운 어떠한 수단도 강구하지 말 라 진실로 알라는 자비롭고 위대하시니라.

– 꾸란 4:34

사진 _ 영국에서
무슬림 부모에 의한 '명예살인'
(조선일보 2007년 6월 13일자)

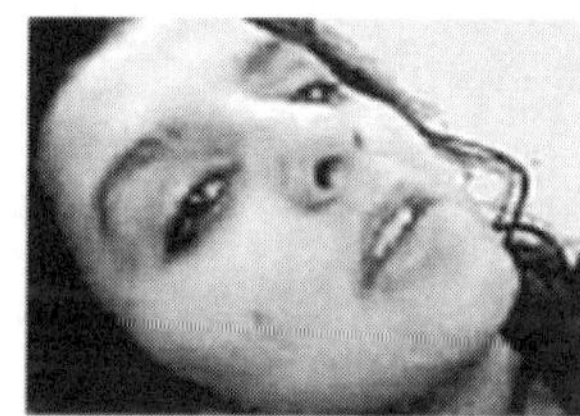

英서 쿠르드족 '명예살인' 충격

지난해 12월 가족들의 1차 살해 시도를 피해 달아나다가 부상한 바나즈 마흐모드가 병원에서 애인의 휴대전화를 향해 당시 상황을 증언하고 있다. 데일리메일

남편폭력 피해 달아난 딸이 연애
아버지·삼촌들 "치욕" 공모 살해

영국에 사는 쿠르드족 소녀 바나즈 마흐모드(Mahmod)는 가족의 강요로 원치 않는 결혼을 했다. 이어 남편의 폭력에 시달리다가 도주, 다른 청년과 사랑에 빠진다. 하지만 사랑은 지속되지 않았다.

딸의 행동을 '불명예'로 여긴 아버지(52)는 자신의 동생 및 부족 사람들과 함께 바나즈를 끔찍하게 살해했다. 이들은 12일 유죄판결을 받았지만 영국 사회는 '명예 살인'의 충격에 빠졌다.

열 살 때 이라크 정권의 탄압을 피해 영국으로 온 바나즈는 2002년 열여섯 꽃다운 나이에 부모의 결정으로 고지식한 부족 청년과 결혼했다. 이후 신랑이 폭력을 일삼자 3년 뒤 친정으로 달아났고, 우연히 만난 이란계 쿠르드족 청년과 사랑에 빠졌다. 치욕으로 여긴 아버지는 딸에게 "헤어지지 않으면 무슨 일이 생길지 모른다"고 경고했다. 그래도 만남이 계속되자, 아버지는 공범들과 함께 지난 1월 바나즈를 구두 끈으로 목 졸라 살해했다.

바나즈는 사건 하루 전 가족의 살해 위협을 경찰에 신고했으나 경찰은 그의 말을 믿지 않았다. 영국 일간지 데일리메일은 바나즈의 아버지·삼촌 등 3명에게 유죄가 확정됐다고 12일 보도했다. 영국에선 드물었던 '명예 살인'이 최근 이런 관습을 가진 소수 이민족 사이에서 매년 10여 건씩 발생하고 있지만 관계당국은 이들을 자극할까봐 개입조차 꺼리고 있다고 미 CNN방송은 보도했다.

☞ 동영상 chosun.com
남승우 기자 futurist@chosun.com

＊ 마크 A. 가브리엘, 『이슬람과 테러리즘, 그 뿌리를 찾아서』, 도서출판 글마당, pp. 80~82.

모든 인간은 사상, 양심, 종교의 자유를 누릴 권리를 갖는다. 이 권리는 자신의 종교 또는 신념을 바꿀 자유와 교리, 전례, 예배, 의식에 있어서 혼자 또는 타인과 공동으로, 공적 또는 사적으로 자신의 종교 또는 신념을 표현할 자유를 포함한다.

다음은 이 조항에 위배되는 이슬람법에 대한 설명이다.

Quran 3:85

وَمَن يَبْتَغِ غَيْرَ الْإِسْلَٰمِ دِينًا فَلَن يُقْبَلَ مِنْهُ وَهُوَ فِي الْآخِرَةِ مِنَ الْخَاسِرِينَ

왜냐하면 만약 사람이 알라께 자기를 부복하는 것보다 다른 종교를 찾아 간다면 그것은 결코 그분으로부터 받아들여질 수 없을 것이며 다가올 삶에서 그는 잃어버린 자들 중에 있게 될 것이라.

- 꾸란 3:85, M. Asad 번역

Hadith(Sahih Bukari Hadith) :

무함마드는 꾸란 3장 85절에서 말하기를 :
누구든지 그의 종교(이슬람)를 바꾸면 그를 죽이라.

이는 직설적 명령이다. 어떤 이슬람 학자도 이에 대하여 잘못되었다는 등 이의를 제기하는 사람이 없다. 이슬람의 시아파와 수니파는 교리상 많은 차이가 있다. 그럼에도 개종하는 자는 죽이라는 것에는 누구든지 다 동의하고 인정한다.

인간은 누구든지 자신이 원하면 자기의 종교를 바꿀 수 있다. 그러나 이슬람은 이 법을 범하고 있다.* 이슬람이 이 조항을 범하고 있는 것의 피해자가 바로 나 자신이다.

이 조항은 신앙과 종교의 자유, 어떤 집단도 개인에게 예배와 믿음을 강요할 수 없다.

Quran 4:44

أَلَمْ تَرَ إِلَى الَّذِينَ أُوتُوا نَصِيبًا مِنَ الْكِتَابِ يَشْتَرُونَ الضَّلَالَةَ وَيُرِيدُونَ أَن تَضِلُّوا السَّبِيلَ

성경의 일부를 계시받은 자들을 보지 못했느냐. 그들은 방황의 길을 선택하여 너희를 바른 길에서 벗어나게 하려 하노라.　　　　　－ 꾸란 4:44

Quran 4:51

أَلَمْ تَرَ إِلَى الَّذِينَ أُوتُوا نَصِيبًا مِنَ الْكِتَابِ يُؤْمِنُونَ بِالْجِبْتِ وَالطَّاغُوتِ
وَيَقُولُونَ لِلَّذِينَ كَفَرُوا هَؤُلَاءِ أَهْدَى مِنَ الَّذِينَ آمَنُوا سَبِيلًا

성경의 일부를 받은 자들을 보지 못했느냐. 그들은 우상과 악마를 믿으면서 자신들이 믿는 자들보다 바른 길로 인도 된다고 불신자들에게 말하더라.　　　　－ 꾸란 4:51

---

* 마크 A. 가브리엘, 『이슬람, 서방세계와 문화충돌』, 도서출판 글마당, pp. 191~193.

Quran 4:54~56

أَمْ يَحْسُدُونَ النَّاسَ عَلَى مَا ءَاتَنهُمُ اللَّهُ مِن فَضْلِهِ فَقَدْ ءَاتَيْنَآ ءَالَ إِبْرَٰهِيمَ الْكِتَٰبَ
وَالْحِكْمَةَ وَءَاتَيْنَٰهُم مُّلْكًا عَظِيمًا
فَمِنْهُم مَّنْ ءَامَنَ بِهِۦ وَمِنْهُم مَّن صَدَّ عَنْهُ وَكَفَىٰ بِجَهَنَّمَ سَعِيرًا
إِنَّ الَّذِينَ كَفَرُوا بِـَٔايَٰتِنَا سَوْفَ نُصْلِيهِمْ نَارًا كُلَّمَا نَضِجَتْ جُلُودُهُم بَدَّلْنَٰهُمْ جُلُودًا غَيْرَهَا
لِيَذُوقُوا الْعَذَابَ إِنَّ اللَّهَ كَانَ عَزِيزًا حَكِيمًا

알라께서 부여한 은혜에 대하여 그들은 시기하느냐. 알라는 이브라힘의 후손들에게 성경과 지혜와 위대한 왕국을 주시었노라. 그들중에는 믿는자가 있었고 믿지 아니한 자도 있었나니 이들에게는 타오르는 지옥이 적절한 대가라. 나의 계시를 불신하는 자들을 불지옥으로 들여 보내니 그들은 그들의 피부가 불에 익어 다른 피부로 변하는 고통을 맛보더라. 실로 알라는 전지 전능하심이라.　　　　　　　　　　　　　　　　　　　　- 꾸란 4:54~56

사진 _ 기독교로 개종하였다고 죽임을 당한 사우디아라비아 청년*

---

* 마크 A. 가브리엘, 『이슬람 테러리스트의 마음 엿보기』, 도서출판 글마당, pp. 138~140.

사우디 소녀, 학교서 휴대폰 소지죄로 징역 2월에 채찍 90대

[한국경제신문] 2010년 01월 21일(목) 오후 06:25

가＋ 가－ | 이메일 | 프린트

Saudi girl, 13, sentenced to 90 lashes after she took a mobile phone to school

By MAIL FOREIGN SERVICE
Last updated at 12:45 AM on 21st January 2010

Comments (23) | Add to My Stories

A 13-year-old Saudi schoolgirl is to be given 90 lashes in front of her classmates after she was caught with a mobile camera phone.

The girl, who has not been named, was also sentenced to two months in jail by a court in the eastern city of Jubail.

She had assaulted her headmistress after being caught with the gadget which is banned in girl schools, said Al-Watan, a Saudi newspaper. The kingdom's use of such punishments has been widely condemned by human rights organisations.

사우디아라비아의 한 10대 소녀가 카메라폰을 학교에 가져갔다는 죄로 채찍을 맞고 징역 처분을 받았다.

21일 영국 일간 데일리메일에 따르면 사우디아라비아 주바일시 법정은 13세의 한 소녀가 학교에서 소지가 금지된 카메라기능의 휴대전화를 갖고갔다가 탄로 나자 여 교장에게 대들었다는 죄로 체형 90대과 징역 2개월의 선고했다.
사우디 현행법상 여학교에서는 카메라 기능이 탑재된 휴대전화 소지를 금지시키고 있으며 이를 위반시 범죄 위반 수준의 처벌에 처한다.

또 사우디의 샤리아법 등에 따르면 사제지간에서 제자가 스승을 비난하거나 대드 는 등 도덕 위반 사례에 대해 의무적으로 체형을 시행하고 있다. 앞서 지난 2007년 에도 10대 학생 16명이 선생님에게 대든 죄로 300~500대의 채찍질 받은 바 있다.

이같은 소식이 전해지자 현지 언론과 인권단체들은 "소녀에게 내린 법정판결은 다 른 강도나 약탈범들에 대한 판결보다 더 가혹하다"고 지적했다.
한경닷컴 이유미 인턴기자 dironan@hankyung.com

기사제보 및 보도자료 open@hankyung.com

사진 _ 휴대폰을 소지한 죄로 사우디 소녀에게 채찍형 (한국경제신문 2010년 2월 21일자)

소말리아 이슬람 조직, 브라자 찬 여성을 채찍으로 구타;;;

소말리아 이슬람 조직, 브라자 찬 여성을 채찍으로 구타;;;
[출처 : http://jp.reuters.com/article/oddlyEnoughNews/idJPJAPAN-11996520091018]

소말리아 이슬람계 과격파조직 "아르샤바브"가
브라자를 착용하고 있는 여성을 공개적 채찍 태형을 가했다.
이슬람의 가르침에 반한다는 것이 그 이유였다고 지역주민이 전했다.

이슬람 성법의 엄격한 적용을 추구하는 아르샤바브는,
영화감상이나 결혼식에서의 댄스, 축구도 금지하고 있으며
이번달에 들어서는 강도짓을 했다고 하며
젊은 남성 2명의 손과 발을 절단했다.

지역주민의 말에 따르면,
총을 가진 남성들이 브라자를 착용하고 있다고 생각되는 여성들을 모아,
공개적으로 채찍으로 때렸다고 한다.
그후, 여성들은 브라자를 벗고,
가슴을 흔들도록 강요받았다고 한다.
또한, 몸에서 브라자를 벗기도록 명령받은 것에 항의한 남성이
형무소에 들어갔다고 하는 정보도 있다.

아르샤바브 관계자는 이번 사건에 대한 어떤 코멘트도 피하고

사진 _ 소말리아 이슬람조직, 여성 구타 (일본 REUTERS 2009년 10월 18일자)

제 19 조

　모든 인간은 의견의 자유와 표현의 자유를 누릴 권리를 갖는다. 이 권리는 간섭받지 않고 의견을 가질 자유와 모든 언론매체를 통해서 국경에 무관하게 정보와 사상을 추구하고 받고 전달할 자유를 포함한다.

　다음은 이 조항에 위배되는 이슬람법에 대한 설명이다.

　알 아즈하르대학에서 이집트 문학을 나에게 가르쳤던 스승인 마흐푸즈 박사는 언젠가 이런 말을 들려주었다.

　"써라! 두려워하지 마라! 우리나라는 과거사를 거대한 감옥을 짓는데 이용했고, 우리는 그 감옥 안에 갇힌 죄수들이다. 네 펜을 날개삼아 사람들과 함께 종교적 자유의 하늘로 날아올라라."

　그래서 나의 여섯 번째 저서인 『무함마드와 함께 하는 커피 한잔』(글마당, 2009)에는 스승 마흐푸즈를 기리며 그 분에게 헌사를 썼다.

아랍권 최초 노벨문학상을 수상한 나깁 마흐푸즈는 누구인가

사진 _ 마흐푸즈 박사

이집트의 문호 나깁 마흐푸즈는 1988년 아랍권 작가로는 최초로 노벨문학상을 수상했다. 그는 이집트뿐만 아니라 아랍권에서 정론을 추구하는 지식인의 표상으로 이름을 날렸다. 문학 평론가들은 1960년대 들어 활동을 시작한 아랍권 작가들이 모두 '마흐푸즈의 외투에서 나왔다'고 말할 정도로 마흐푸즈는 현대 아랍권 문단에서 독보적인 위상을 지켜왔다.

그는 『광기의 속삭임(1938년)』을 비롯한 10여 권의 단편집과 30여 권의 소설 및 자신의 작품을 각색한 30여 편의 시나리오를 완성했으며, 사망하기 전까지도 '알-아흐람 위클리'에 에세이를 집필할 만큼 왕성한 집필활동을 계속했다. 그는 평소 "글을 쓰고자 하는 욕구가 사라진다면 그 날이 바로 내 최후의 날이 될 것"이라며 끝없는 창작 의욕을 불태웠다.

마흐푸즈는 자신에게 노벨상을 안겨준 장편소설인 『게벨라위의 아이들(우리 동네 아이들)』의 내용에 불만을 품은 이슬람 근본주의자들이 지난 1994년 암살을 기도, 목숨은 건졌으나 오른팔 신경을 다쳐 집필에 어려움을 겪는 등 죽을 고비를 넘기기도 했다. 오랜 눈병으로 거의 실명에까지 이른 마흐푸즈는 이 사건 이후 카이로의 자택에서 경찰의 보호를 받아 왔다.

이집트 관영 일간지인 알-아흐람에 1959년 연재된 『게벨라 위의 아이들』이 이슬람 창시자인 무함마드를 모독하는 내용이 들어있다는 이유로 이집트 최고 권위를 자랑하는 이슬람 종교교육기관인 알-아즈하르 대학 당국에 의해 금서로 지정돼 있다. 이로 인해 1967년 레바논에서 단행본으로 처음 출간된 이 소설은 이집트에서는 지금까지 단행본으로 나오지 못했다.

마흐푸즈는 2006년 초 생전에 이 작품이 이집트에서 출간되는 것을 보고 싶다며 금서목록에서 제외해 줄 것을 알-아즈하르대학에 공개 탄원을 하기도 하였으나 끝내 그 꿈을 이루지 못하고 그해 8월 사망하였다.

···· 표현의 자유마저 억압하는 이슬람 *

사진 _ 무함마드를 비방하는 '악마의 시'를 쓴 살만 루시디는 지난 10년 동안 끊임없는 살해 위협을 받았다.
(조선닷컴 2010년 2월 25일자)

사진 _ 소말리아 출신으로 무함마드를 비난하는 영화대본을 쓴 네덜란드의 국회의원이었던 히르시 알리는 끊임없는 살해위협을 받다가 결국 미국으로 망명을 했다. 이 영화 〈굴종〉를 만든 테오 반 고흐 감독(세계적인 화가인 빈센트 반 고흐 동생의 증손자)은 2004년 11월 암스테르담 광장 한복판에서 모로코 출신의 과격 무슬림에게 총상을 입고 칼에 찔려 살해됐다.
(조선일보 2008년 2월 13일자)

---

1. 모든 인간은 일, 자유로운 직업의 선택, 공정하고 유리한 노동조건, 실업에 대한 보호 등의 권리를 갖는다.

2. 모든 인간은 어떤 차별도 받지 않고 동일 노동에 대해서 동일한 보수를 받을 권리를 갖는다.

3. 모든 일하는 인간은 자신과 가족에게 인간적 존엄에 합당한 생존을 보장해 주며, 필요할 경우 다른 사회적 보호의 수단에 의해서 보충되는, 정당하고 유리한 보수를 받을 권리를 갖는다.

다음은 이 조항에 위배되는 이슬람법에 대한 설명이다.

이슬람법에 의하면 결혼 적령기의 여인은 남자와 단 둘이서 한 공간에 있어서는 안 된다.*

하디스 :

그는 메신저가 하는 말을 들었노라. "남자가 여자와 홀로 있는 것은 허용되지 않노라."

---

* 마크 A. 가브리엘, 『이슬람, 서방세계와 문화충돌』, 도서출판 글마당, pp. 156~157.

유투브의 〈젖먹이는 여자 이야기〉

2007년 5월 이집트 출신의 젊은 여성이 사우디아라비아의 한 회사에 취직이 되었다. 그런데 공교롭게도 사무실은 남자 상사와 단둘이 근무를 해야하는 상황이었다. 이슬람법에 의하면 생면부지의 남녀가 같은 공간이 있는 것 자체가 용납이 되지 않은 상황이었기 때문에 이 여성은 갈등이 생겼다. 그래서 권위있는 이집트의 알 아즈하르 대학의 종교학 교수에게 파트와를 요청했다. 요지는 '본인은 가정형편상 돈을 벌기 위해 이 회사에 꼭 다녀야 하는데 그 사무실에는 남자 직원도 있습니다. 그러나 이슬람법에 의하면 한 사무실에 생면부지의 남녀가 같이 근무할 수 없는데 방법이 없겠습니까?' 였다.

이슬람에서는 일상생활에서 잘 모르겠거든 꾸란을 찾아보던지 무함마드의 생애를 보고 그대로 하라는 가르침이 있다. 그래서 교수는 이 사건에 대해 꾸란에 명백한 가르침이 없었기에 무함마드 시대에 있었던 사례를 조사하게 되었고, 알 아즈하르 대학에서는 7세기 무함마드의 예를 들어가며 다음과 같은 파트와를 내렸다.

이는 나시크와 관계있는 것인데, 입양제도는 아라비아 반도에서 허락된 제도였고 아랍사회에서는 흔히 있는 일이며 미덕으로 여겼나.

무함마드도 자이드라고 하는 양자를 얻었는데 자이드가 자이납이라는 아름다운 아랍여인과 결혼을 했다. 무함하드는 자이납을 취하고 싶었으나 양자의 아내였기에 딸과 마찬가지였기 때문에 자기 양자와 이혼하라고 할 수 없었다. 〈중략〉 그래서 무함마드는 모스크에서 '아라비아 사회에 양자를 얻는 일은 알라께서 원하지 않는다' '나는 이제 너희 중에 어느 누구의 아버지도 아니다' 라는 알라의 새로운 계시가 임하였다고 선포했다. 이것이 '아잡' 이라는 장에 나오는 내용이다.
(『이슬람, 서방세계와 문화충돌』 pp. 75~78. 글마당)

입양제도를 취소했다는 소식을 듣고 온 아랍에서 큰 소동이 일어났다. 양자가 있었던 살라마라는 사람이 있었는데, 살라마는 양자가 장성하자 그를 놔주려고 하였다. 그런데 살라마의 아내는 '내가 기른 내 자식인데 왜 내보려고 하는가?' 라고 불평하였다. 그래서 계시를 받았다는 무함마드에게 가서 물어보자고 하였다. 살라마의 아내는 무함마드에게 울면서 말했다. "내가 내 아들을 포기할 수 없다. 어떻게 해야하는가?"

그러자 무함마드가 "너무 걱정마라. 너의 젖을 꺼내 5번 먹이도록 하라. 그러면 유모의 자격을 얻게 되어 너의 아들은 너와 함께 거할 수 있다."고 말했고, 살라마의 아내는 아들이 이미 장성하였기에 "어떻게 다 큰 아들에게 젖을 먹이는가?"라고 고민했지만 알라의 말을 들었을 때 무슬림은 복종해야 했기에 살라마의 아내는 젖을 5번 먹이고 유모의 자격으로 한 집에서 같이 살게 되었다. 그러므로 너도 같은 사무실에서 일하는 그 남자에게 네 젖을 5번 빨리라. 그러면 너도 유모의 자격으로 한 사무실에 근무해도 괜찮게 될 것이다. 이 말은 나의 말이 아니고 7세기 무함마드의 시절에 있었던 사례를 빌어 나는 무함마드의 답변을 그대로 해준 것 뿐이다.

어처구니가 없다고 생각한 이 여성은 이집트에 돌아가 이 기막힌 사실에 대해 텔레비전 인터뷰를 하게 되었고 당시 진행을 한 여자 아나운서도 '우리가 믿고 있는 신이 이런 신이란 말인가?'라며 개탄하였던 내용이 National TV를 통해 전국으로 방영되었고, 이 인터뷰는 당시 이집트에서 커다란 논쟁을 불러 일으켰다. 또한 2주일만에 이 프로그램을 시청한 이집트인 6천여 명이 기독교로 개종했다.

지금은 21세기이다. 어떻게 7세기의 예를 들면서 상식밖의 답변을 내려줄 수 있단 말인가.

*http://www.youtube.com/watch?v=rpz7V5aQ_Hg

"동료男에 젖 다섯번 먹이면 히잡 벗어도 좋아!"

이집트 성직자들, 황당한 지침들 내놔
"결혼전 처녀막 수술 괜찮다" 등 논란

이슬람 국가인 이집트가 요즘 '황당한' 파트와(fatwa·이슬람 고위 성직자들이 특정 사안에 대해 내놓는 권위 있는 결정)로 몸살을 앓고 있다.

논란의 중심에는 '외간 남자에게 젖 먹이기' 파트와가 있다. 직장 생활을 하는 여성이 늘어나면서 남녀가 같은 사무실에서 근무해도 되는지, 또 직장에서 히잡(이슬람 여성들이 얼굴을 가리는 두건)과 베일을 벗어도 좋은지를 판단할 기준이 필요한 시대가 됐다.

이에 대해 파트와 발령 공인기관인 알 아즈하르 대학 종교협회의 고위 성직자인 이자트 아티아(Atiyah)는 지난달 "동료 남성에게 자신의 젖을 '다섯 번' 먹이면" 같은 사무실에서 히잡과 베일을 벗고 근무해도 좋다고 말했다. 이슬람 여성은 가족 이외의 남성 앞에서 히잡과 베일을 써야 하지만 자신의 젖을 다섯 번 먹은 남성은 '가족'으로 볼 수 없다는 것이다.

이슬람국가에서는 파트와가 법 이상의 권위를 갖지만, 이번 결정은 국민들의 거센 비난을 받고 있다.

이집트 정부가 정한 파트와 발령 공인 기관은 알 아즈하르 대학 종교협회와 법무부 산하의 다르 알 이프타뿐이지만, 방송을 통한 전화상담이나 웹사이트에서의 문답까지 합치면 매달 수천 개의 '파트와'가 만들어진다고 뉴욕타임스가 12일 전했다.

고위 성직자 셰이크 알리(Ali)가 올해 초 내놓은 성(性) 관련 파트와도 화제가 됐다.

그는 "외간 남자와 성관계를 가진 유부녀라도 자신의 행동을 반성하고 신께 용서를 구했다면, 남편에게 말해서는 '안 된다'"고 했다. '가정을 지켜야 하기 때문'이다. 그는 또 "결혼을 앞둔 여성은 처녀막 재생 수술을 해도 좋다"는 파트와를 내놔, 비난과 찬사를 동시에 받았다. 그의 주장은 "남자가 총각인지 아닌지 가려낼 수 없으니 여자도 처녀인지 아닌지 알 수 없게 하는 것이 공평하다"는 것이다.

김선일 기자

사진 _ 황당한 '파트와'에 관한 보도
(조선일보 2007년 6월 13일자)

사진 _ 〈젖먹이는 여자 이야기〉 유튜브 동영상
http://www.youtube.com/watch?v=rpz7V5aQ_Hg

사진 _ 이븐 알 카이엠의 책

테러를 부추기는 이슬람의 3대 원리주의 학자로 이븐 타이미야, 이븐 카티에르, 이븐 알 카이엠을 들 수 있는데, 그 중 이븐 알 카이엠이 쓴 이 책 『AR-RuH』('성령', 부제는 죽음 후의 영혼의 여정)은 내용 중에 '알라의 존재를 불신하는 자들을 없애버려야 한다'는 내용으로 이슬람 테러리스트들이 지하드(성전)을 하기 전에 반드시 읽어야 할 필독서이기도 하다. 이슬람의 종주국이라고 일컫는 이집트에서 조차 이 책은 판금되어, 이 책을 소지하고 있다는 이유만으로 바로 경찰에 연행되거나 구속되는 불온서적이다. 9·11 사태 이전에 미국에서도 이러한 책이 팔리고 있었다는 사실을 기억해야 한다. 9·11 사태 이후 FBI는 이슬람의 정체에 대하여 밤낮으로 연구하기 시작했다.

그런데 가브리엘 박사가 한국을 방문하여 서울 한복판인 한남동 이슬람사원 인근의 이슬람서점에서 이 책이 버젓이 보급되고 있는 사실을 알고 엄청난 충격을 받았다. 그만큼 한국은 테러에 무방비한 상태임을 엿볼 수 있다.

테러안보체계를 제대로 갖추기 전에 빠르게 국제화가 진행되어 경제 외교적으로 위상이 급상되고 있고, G20정상회의 의장국이 된 한국이지만 탈레반소속으로 의심되는 파키스탄인이 첨단기술도 아닌, 사진 바꿔 붙이기 같은 기초적인 속임수로 신분을 감춘 채 지난 5년간 무려 17차례나 한국을 제 안방 드나들듯 들락날락거릴 수 있었던 것이 우리의 현실이다.

사진 _ 탈레반 혐의자 여권위조 (조선일보 2010년 2월 22일자)

사진 _ 스위스 내의 모스크 첨탑 건설을 반대하는 국민투표 포스터. 지난해 11월 스위스 정부는 국민투표를 통하여 자국내 이슬람 모스크 첨탑(미너렛) 추가 설치를 저지시켰다.

2008년 말 유럽의 무슬림 인구는 5천만 명이 넘는 것으로 추산된다. 프랑스 · 독일 · 네덜란드는 인구의 10퍼센트에 육박, 2015년까지 현재의 두배인 약 1억만 명에 달할 것으로 보고 있다.

A22 2009년 12월 10일 목요일 52판

사르코지, 佛 무슬림에 직격탄
"프랑스 기독교 전통에 도전 말라"

니콜라 사르코지(Sarkozy) 프랑스 대통령은 8일 일간지 르몽드 기고에서 최근 국민투표를 통해 이슬람 사원어 철탑(minaret) 건설을 금지시킨 스위스 국민을 옹호하고 나섰다.

그는 프랑스의 국가 정체성(正體性)을 ▲기독교적인 전통과 ▲공화주의적 가치로 규정하며, 이에 도전

이슬람 사원 첨탑 금지한 스위스 옹호하는 기고문 "라이프 스타일 지킨 것"

하는 일부 무슬림의 행동에 반대한다고 경고했다.

그는 "스위스는 프랑스보다 오랜 민주주의 전통을 가진 나라"라며, "스위스인들을 비난하는 대신에, 그들이 (국민투표를 통해) 표현하고자 한 바를 이해하려 해야 한다"고 주장했다. 아울러 스위스 국민투표에 대한 프랑스 언론과 일부 정치권의 반응을 "지나칠 뿐 아니라, 우스꽝스럽다"고까지 비판했다.

그는 "스위스에서 일어난 일은 종교나 양심의 자유 문제와는 전혀 상관이 없다"며, "단지 (스위스를 포함한) 유럽인들은 자신들의 라이프 스

9일 프랑스 동부 스트라스부르 인근 도시에서 니콜라 사르코지 대통령이 참관들과 '그랜드 론(grand loan)'에 대해 토론하고 있다. 그랜드 론이란 정부가 사양산업의 경쟁력을 복원시키기 위해 직접 돈을 쏟아붓는 것으로 자금 지원 규모가 250억~500억유로(약 44조 · 89조원)에 이른다.

타일, 사고방식, 사회관계가 왜곡되는 것을 원치 않을 뿐"이라고 주장했다.

그는 이어 "프랑스의 무슬림에게 말하겠다. 기독교 문명이 많은 흔적을 남긴 프랑스에서, 기독교적 전통과 프랑스의 국가 정체성(identité nationale)의 일부인 공화주의적 가치에 도전하는 어떤 행위도 실패할 수밖에 없다"고 경고했다.

르몽드 1면에 실린 이날 기고는 사르코지 대통령이 지난달 제안해 인터넷 게시판과 타운홀 미팅 등에서 진행되고 있는 '프랑스의 정체성 토론'을 활성화할 목적으로 쓰여졌다. 그는 기고문에서 "무슬림 시민에 대한 어떤 형태의 차별과도 싸우겠다. 무슬림 이란자들도 낯부끄럽지 않은 시설에서 기도할 권리가 있다"고 언급해 자신의 소신서 민중적 견해에 치우쳐 있지 않다고 강조했다.

그러나 그는 동시에 이슬람 첨탑에 대해서는 "종교적 과시(ostentation), 도발(provocation)"이라고 표현해, 부정적 인식을 갖고 있음을 드러냈다. 베르나르 쿠슈네르(Kouchner) 프랑스 외교장관이 스위스의 국민투표 결과가 발표되자 곧 "충격적이다"며 결과의 번복을 촉구한 것과는 대조적이다.

프랑스 정부도 공식적으로는 이슬람 첨탑의 건축을 금지하지 않는다는 입장이다. 그러나 크리스티앙 에스트로지(Estrosi) 니스 시장 등 건축 허가권을 가진 극우파 자치단체장들은 "허가를 내주지 않겠다"고 천명했다.

지난주 한 프랑스 여론조사 기관의 조사에서 응답자의 41%는 이슬람 사원의 건축에 반대했고, 46%는 이슬람 첨탑의 건축을 반대했다고 AFP통신이 보도했다.

김민구 기자 roadrunner@chosun.com

사진 _ 이슬람에 대한 프랑스 사르코지 대통령의 입장을 밝힌 기사 (조선일보 2009년 12월 10일자)

연합뉴스

English | 中文 | 日本語 | عربي | Español | Français

뉴스 > 세계 > 특파원 > 파리

프랑스 정부, 베일 금지 착수(종합)

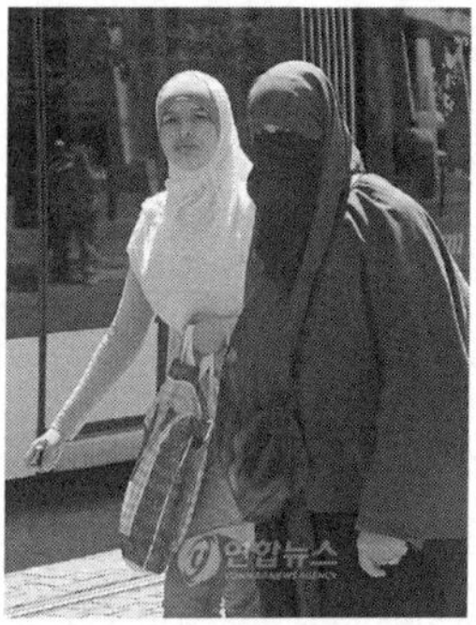

베일 착용한 무슬림 여성들(AFP=연합뉴스, 자료사진)

모로코 남성에 시민권 거부.."부인에 베일착용 강요"

관련기사
- 佛가톨릭, 이슬람식 베일 금지 반대
- <佛 '이슬라모포비아' 확산 조짐>
- <佛서 부르카 착용금지 가시권>
- <佛 국민 57% "부르카 금지 찬성">
- <印 부르카 착용여성 선거권 제한 논란>

(파리=연합뉴스) 이명조 특파원 = 프랑스에서 이슬람 여성들의 베일 착용 금지가 사실상 현실화됐다.

프랑스 이민부는 프랑스인 부인에게 이슬람식 베일 착용을 강요한 모로코 출신의 무슬림 남성이 신청한 시민권 심사를 거부했다고 일간 르 피가로가 3일 보도했다.

프랑스 이민부의 이런 조치는, 의회의 부르카 조사위원회가 지난달 학교, 병원 등 공공 장소에서 얼굴을 가리는 베일 착용을 금지할 것을 촉구하는 내용의 보고서를 공개한 뒤에 처음으로 취해진 것이다.

또한 알리오-마리 법무부 장관이 최근 부인에게 부르카를 착용하도록 하는 무슬림 남성들에게 시민권을 부여해서는 안 된다는 입장을 밝힌 뒤에 정부에서 취해진 첫 번째 사례다.

에릭 베송 이민부 장관은 2일 발표한 성명을 통해 이 모로코 남성의 시민권 신청이 거부된 사실을 공개하면서 "이 남성은 자신의 아내에게 머리부터 발끝까지 전신을 가리는 니캅을 강제로 착용케 한 것으로 드러났다"고 밝혔다.

베송 장관은 "이 남성은 아내가 얼굴을 가리지 않고는 외부 출입을 자유롭게 못하도록 자유를 박탈하고 제한했다"면서 "이는 남녀 평등의 원칙을 거부한 것으로, 세속주의의 원칙에도 반하는 것"이라고 덧붙였다.

알리오-마리 장관도 "부르카를 착용하도록 하는 무슬림은 프랑스의 가치를 공유하는 것으로 여겨지지 않는다"면서 "이런 무슬림들이 프랑스 시민권을 신청하면 정부는 이를 거절할 것"이라고 말했었다.

니콜라 사르코지 대통령도 "부르카는 종교적 믿음이 아니라 여성의 굴종을 상징한다"면서 "프랑스에서 부르카는 환영받지 못할 것"이라고 무슬림 여성의 베일 착용에 반대한다는 뜻을 거듭 피력했다.

한편, 정부의 베일착용 금지를 눈 앞에 두고 있는 가운데 프랑스에서는 일부 모스크의 외벽에 무슬림을 비난하는 내용의 낙서가 등장하는 등 반(反) 이슬람 정서가 확산될 조짐을 보이고 있어 우려를 낳고 있다.

이런 가운데 프랑스의 가톨릭 교계도 소수 무슬림의 권리를 존중해야 한다면서 무슬림 여성의 부르카 착용금지 조치에 반대한다는 입장을 공개했다.
르 피가로에 따르면 2009년 한 해에 10만8천275명의 외국인이 시민권을 취득한 것으로 나타났으며 신청자 가운데 20%는 프랑스 사회에 동화하는데 문제가 있다는 등의 이유로 시민권 심사를 거부당한 것으로 집계됐다.

mingjoe@yna.co.kr

 2010/02/03 19:59 송고

사진 _ 프랑스, 부르카 착용 금지
(연합뉴스 2010년 2월 3일자)

문화일보 2010년 3월5일 금요일 MUNHWA.COM

문화닷컴 홈 > 국제 > 국제일반

국제
- 국제일반
- 아시아
- 유럽
- 북미 중남미
- 중동
- 아프리카
- 국제기구
- 국제경제
- 전체 리스트

무슬림, 지구촌 뒤덮는다

美 퓨포럼 "15억 7000만명" 아랍 넘어 전세계에 거주

이현미기자 always@munhwa.com

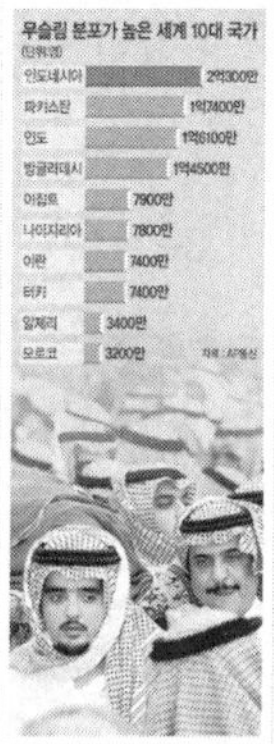

세계 인구의 '4분의 1'이 무슬림이고, '이랍=무슬림'이 더이상 일반적인 통식이 아니라는 연구 결과가 나왔다. 무슬림 인구 급증은 다산(多産)을 선호하는 무슬림의 종교적 문화적 특징에서 비롯됐으며, 무슬림의 이민 또한 늘어나면서 전세계 곳곳에 무슬림이 거주하는 현상이 나타나고 있다. 하지만 무슬림에 대한 편견이나, 종교를 바탕으로 한 이들의 생활방식 때문에 적지 않은 사회문제가 발생하고 있다.

◆ 세계 무슬림 인구는 15억7000만명 = CNN, BBC 등에 따르면 미국 싱크탱크 퓨포럼은 8일 "세계 무슬림 인구는 15억7000만명으로, 4명중 1명이 무슬림"이라는 내용의 보고서를 발표했다. 퓨 포럼은 지난 3년간 232개 국가 및 지역의 인구 조사 데이터와 인구통계 보고서 등을 연구한 끝에 이같은 결론을 얻었다. 무슬림 인구가 가장 많은 곳은 인도네시아, 파키스탄, 인도, 방글라데시 등 아시아·태평양 지역. 전체 무슬림 인구의 61.9%가 이 지역에 거주하고 있다.

다음으로 중동 및 북아프리카(20.1%), 사하라 사막 이남 아프리카(15.3%) 등의 순으로 나타났다. 유럽에는 전체 무슬림의 2.4%인 3800만명(유럽 인구의 5%), 미국에는 0.3%인 460만명(미국 인구의 0.8%)이 거주하고 있다. 특히 레바논보다 독일에 더 많은 무슬림이 살고 있다. 요르단과 리비아를 합친 것보다 러시아에 무슬림이 더 많았다.

아프가니스탄보다 에티오피아에, 시리아보다 중국에 더 많은 무슬림이 거주하고 있다. 보고서는 "유럽내 무슬림 인구가 많은 것은 이민자수 증가에 따른 것이지만, 토착 유럽 무슬림들도 절반이나 된다"고 지적했다. 3억명 이상의 무슬림들은 인도(1억6100만명), 에티오피아(2800만명), 중국(2200만명), 러시아(1600만명), 탄자니아(1300만명)처럼 이슬람교가 다수 종교가 아닌 곳에 살고 있다. 무슬림 인구 10~13%는 시아파이고, 87~90%는 수니파다. 시아파는 대부분 이란, 파키스탄, 인도, 이라크에 근거지를 두고 있다.

◆ 종교, 생활방식 놓고 여전히 고충 = 이슬람 캐나다 의회는 8일 연방정부에 무슬림 여성들의 '부르카' 착용을 금지시켜줄 것을 촉구했다고 AFP통신 등이 보도했다. 부르카는 무슬림 여성의 전통복식 가운데 하나로서 머리에서 발목까지 덮어쓰는 통옷으로, 여성들은 집에서 손님을 맞을 때나 외출시에 부르카를 입어야 한다. 이슬람 캐나다 의회 소속 파르자나 하사운 "부르카는 이슬람 경전 '코란'이 요구하는 게 아니다"며 착용금지를 요구했다. 지난해 캐나다 온타리오 법원의 한 판사는 무슬림 여성이 성폭행범에 대해 법정에서 증언할 경우 히잡을 쓰지 않아도 된다는 판결을 내리기도 했으며, 이는 현재 항소심에 계류중이다.

이현미기자 always@munhwa.com

기사 게재 일자 2009-10-09 13:55

사진 _ 무슬림, 지구촌 뒤덮는다
(문화일보 2009년 10월 9일자)

에필로그

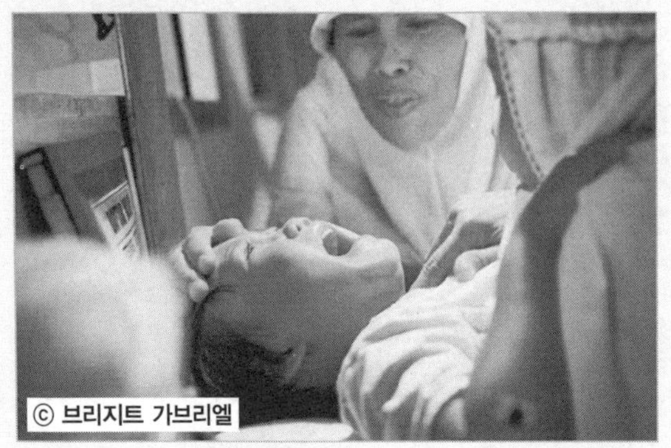

사례 1

유니세프(UNICEF)에 따르면 매년 3백만 명의 무슬림 소녀들이 여성할례 의식으로 고통을 당하고 있다는 통계이다.

사례 2

몇 년전 이란에서는 동성연애를 한 청년들을 수도 테헤란 한복판에서 공개 교수형 시켰다.

사례 3

미국 텍사스의 한 무슬림은 자신의 두 딸(Amina, Sarah Said)이 기독교인인 청년과 데이트를 하며, 너무 서구화된 옷을 입고 다닌다고 이슬람의 명예살인을 행하여 미국 사회에 큰 충격을 주었다. UN인권위원회는 매년 5천여 명에 달하는 이슬람의 명예살인을 반대하는 운동을 활발히 펼치고 있다.

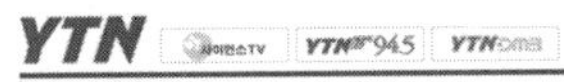

맥주 한 잔 먹은 여성에 곤장 6대

입력시각 : 2009-09-24 14:02

[앵커멘트]

말레이시아의 한 여성이 맥주 한 잔을 마셨다는 이유로 교도소에 수감돼 곤장 6대를 맞게 돼 국제 인권단체가 크게 발발하고 있습니다.

미국에서는 구경 중 너무 좋아하다 혼이 난 사람들이 있다고 합니다.

지구촌 소식 김기봉 기자입니다.

[리포트]

올해 32살로 두 아이의 엄마인 말레이시아 여인 카르티카.

한 호텔에서 맥주를 마시다 단속반에 걸렸는데 최근 6대의 태형을 선고받았습니다.

미성년자도 아닌 이 여인이 맥주를 마셨다고 태형을 받게 된 건 단지 무슬림이라는 이유입니다.

[녹취:카르티카, 태형 선고받은 여인]
"난 이슬람교는 매우 자비로운 종교라고 믿어요. 이번 판결은
다른 무슬림들에게 메시지를 주기 위한 인벌백계의 판결이라고 봐요."

말레이시아에는 여러 민족이 살고 있지만 유독 무슬림만 음주를 금지하는 율법에 따라 음주에 대한 처벌을 받게 돼 있습니다.

국제사면위원회는 이번 판결은 물론 태형이라는 비인간적인 제도 자체를 폐지하라고 촉구했지만 말레이시아 당국은 징벌이 목적이 아니라 교육에 목적이 있다며 물러서지 않고 있습니다.

[녹취:수카르노, 태형 피의자 아버지]
"참 받아들이기 어려운 판결이에요. 생각하면 머리가 복잡해지고 신경이 날카로와 져요."

남자의 경우 태형을 당하면 엉덩이 살이 찢어지고 큰 흉터가 남지만 당국은 특별히 작은 매로 가볍게 때릴 것이라며 그들 방식의 '선처'를 약속했습니다.

사례 4

최근 말레이시아 종교법원은 공개된 장소에서 맥주를 마신 무슬림 여성인 카르티카에게 벌금 150만 원과 태형 3대를 판결 내렸다. 이 여성은 남편으로부터 이혼까지 당하고 언제 그 태형이 집행 될련지 하루하루를 창살없는 감옥에서 공포에 떨고 있다. 전형 적인 이슬람 국가인 말레이시아에서는 매년 2만여 명에게 샤리아 법에 따라 태형이 집행된다.

이처럼 오늘날에도 전 세계 곳곳의 이슬람 국가에서나 무슬림들은 인간의 가장 기본 권리 이행을 요구하는 UN인권선언을 왜 철저하게 외면하는 것일까?

허울좋은 이슬람권의 카이로 인권선언

지난 1948년 12월 10일 파리 국제연합 총회(UN)에서 세계 인권선언이 채택될 당시 이에 반대하는 국가는 없었다. 그러나 총회에 참석한 56개국 대표가운데 8개국 대표는 기권을 하였다. 기권자 명단 속에는 이슬람 국가로는 유일하게 사우디아라비아가 포함되어 있었다.

1990년 8월 5일 이집트 카이로에서 모인 수단, 이란 등 이슬람권 45개 나라의 외무부장관이 참석한 이슬람회의기구(OIC)는 사우디아라비아가 중심이 되어 이슬람의 관점에서 본 그들의 새로운 인권헌장인 카이로인권선언(CDHRI; The Cairo Declaration of Human Rights in Islam)을 채택, 발표하였다.

카이로인권선언은 UN인권선언(UDHR; United Nations Universal Declaration of Human Rights)에 대한 이슬람권의 대응이기도 하다.

이 카이로인권선언은 서문과 25개 조항으로 이슬람법인 샤리아에 철저하게 기초하고 있다. 그러므로 많은 조항이 앞에서 몇 가지 사례에서도 언급한 것처럼 많은 부분이 UN인권선언과 상충되는 내용을 담고 있다.

꾸란에 기초한 샤리아법은 남자와 여자에 대한 차별, 제약받는 여성의 권리와 비인도적인 처벌, 무슬림과 비무슬림들의 정치적 사회적 지위 차별, 배우자의 선택과 관련된 종교적인 제약, 배교문제에 이르기 까지 보장되어야할 개인의 기본권리나 국가의 권위보다도 더 상위에 있다.

그러므로 오늘날 샤리아법에 따라 여성의 사회적 활동을 제한하고 절도범의 손목을 자르고, 간통한 무슬림을 돌로 쳐 죽이는 것이 비인도적인 형벌을 금지하는 UN인권선언에 철저하게 반하여도 이슬람권 국가에서는 당연한 조치로 받아들이고 있다.

이처럼 인간의 최소한의 기본권마저도 박탈하고 박해하는 이슬람권에서 일어나는 만행은 오늘도 해외뉴스 창에서 끊이지 않고 들려온다.

(이러한 실정인데도 왜곡된 이슬람을 전파하는 친이슬람 교수들에게 세뇌당한 한국의 사법연수원 출신 120여 명의 법조인들은 이슬람 샤리아법에 매력을 느끼고 본격적으로 연구를 시작하였다.-편집자 주)

오늘도 왜 지구촌 곳곳에서는 알라의 이름으로 끊임없이 테러가 자행되고 있는가? 모든 인간들이 종교와 신분, 남녀, 빈부격차를 떠나 서로 평화롭게 공존할 수는 없는 것인가? 그 숙제를 안고 이 책을 펴내었다.

꾸란과 성경의 가르침, 무엇이 다를까

그럼 이 책을 통해서 우리가 배울 수 있는 것은 무엇인가?

이슬람의 가르침이 극도로 잔인하다는 것을, 아니 잔인할 수밖에 없다는 것을 보게 된다.

어떤이들은 질문할 것이다.

☆ 이것은 한 쪽의 시각 아닙니까?

☆ 이슬람의 평화로운 가르침은 어떻게 생각하십니까?

☆ 과거 십자군들이 자행한 것처럼 기독교의 '어두운 면'에 대해서는 어떻게 생각하십니까?

미국에서 내가 미 육군 고위 장교들에게 강의를 할 때 아프리카 출신의 한 장성이 했던 이슬람에 관한 질문에 이렇게 대답하였다.

"나는 '기독교가 무엇을 하였는가'에 대하여 기독교를 비난하지 않는다. 마찬가지로 무슬림에게도 '무슬림이 무엇을 하였는가'라는 것으로 비난하지 않는다. 오직 꾸란이 무엇을 가르치고 있는가에 대하여 정확하게 실체를 알려줄 뿐이다.

신약성경을 읽어보라. 성경의 어디에도 예수의 이름으로 살인을 행하라고 가르치지 않는다. 그래서 기독교에서는 그들의 행위를 옳게 여기지 않는다.

그러나 꾸란의 많은 수라(Surah)에서 무함마드의 이름으로 살인을 명령한다. 오사마 빈 라덴은 이슬람의 법대로 행하기 때문에 무슬림들은 그를 좋은 사람이라고 평가한다.

무슬림들을 제외한 모든 사람들은 그가 엄청난 살인을 너무 쉽게 하기 때문에 그를 잔인무도한 사람이라고 평가한다. 그 기준은 무엇인가?

평화인가 전쟁인가. 사랑인가 저주인가."

세계에서 말썽을 일으키는 이들은 무슬림들의 시각에서 보면 이슬람의 교리대로 한발자국씩 알라의 가르침을 실천하는 사람들, 즉 좋은 무슬림들이다. 많은 사람들은 '어떻게 인간늘이 서렇게 잔인한 행위를 할 수 있는지 이해할 수 없다'라고 하지만 그들은 알라와 계약을 하였기 때문에 단지 알라와 거래를 하고 있을 뿐이다.

『아싸프』라는 책에 쓰여진 것처럼(‘알라의 이름을 위해 싸우거나 재산과 생명을 잃으면 알라가 보상해줄 것이다’) 이 계약에 따라 이슬람테러리스트들은 오늘도 지구촌 곳곳에서 그들의 지하드를 하고 있는 것이다. 꾸란 4:74~97까지, 또 꾸란의 많은 수라에서는 알라가 지하드를 독려하고 있는 부분들을 계속 보게 된다.

내가 한국에서 강의할 때마다 흔히 받았던 두 가지 유형의 질문이 있었다.

첫째, 이슬람의 테러리스트들은 이슬람의 이단이 아닌가요?
둘째, 혹시 이슬람 쪽에서 다시 돌아오라고 회유 받은 적은 있나요?

첫 번째 질문에 대한 대답은
 이슬람은 이단이 있을 수 없다. 예를 들어 서방국가에서는 종교를 믿고 안 믿고 순전히 본인 의지대로 선택할 수 있는 종교의 자유가 있기 때문에 때로는 이단도 우후죽순처럼 생겨 날 수 있다.
 그러나 이슬람은 배교를 하면 바로 죽음이 기다리고 있기 때문에 이단 또한 배교가 아니겠는가?
 그래서 단호히 말한다. "아니오" 라고.

두 번째 질문에 대한 대답은
꾸란 9:5에서 말하듯이 금지된 달이 지나면 매복하여 살해하라…

배교하면 바로 죽음만이 기다린다.
그들은 결코 대화와 용서와 화해가 필요 없다. 바로 죽임 뿐이다.

이슬람이 추구하는 것

이슬람은 세계 어느 나라에서든 그들의 힘이 약한 단계에 있을 때에는 다산(多産)으로 인한 인구정책, 학교를 통한 포교(다와)전략, 그리고 결혼전략 등으로 무슬림 인구를 늘려간다.

내가 루프트한자 비행기를 타고 독일에 가고 있을 때 만났던 한 무슬림과의 대화를 그 예로 들겠다.

그는 나의 외모만 보고 무조건 무슬림일 거라고 판단하고 말을 걸어왔다. 그는 현재 독일에서 거주하고 있는 무슬림이며 독일은 앞으로 20년 안에 우리나라(이슬람 국가)가 될 거라고 했다.

"아니, 지금 독일의 인구는 약 8천만이고 무슬림은 5백만 명도 안되는데 어떻게 너희들이 독일을 무슬림 국가로 만들 수 있단 말인가?"라고 내가 반문하자, 그가 이렇게 대답했다.

"독일인들은 지금 개와 고양이를 기르느라 바쁘고, 우리는 아이들을 많이 낳아 그 아이들을 무슬림으로 기르느라 바쁘다. 그러므로 20년 후엔 독일이 당연히 우리 무슬림들의 국가가 될 것이다."

이슬람의 이중성

　지난해 11월 스위스는 이슬람사원 첨탑 건설에 대한 국민투표에서 57.5 퍼센트의 찬성으로 첨탑(미너렛)의 추가 건설이 부결되었다. 그러자 제네바 이슬람사원측은 유럽인권재판소에 이 국민투표가 유럽인권협약에 위배된다며 제소를 하였다. UN의 세계인권규약에 따라 세워진 유럽 47개국 정부간 협력기구인 유럽회의(Council of europe, CE)는 유럽연합(EU)과는 무관한 별도의 독립기구로 산하단체인 유럽인권재판소가 있는데 이슬람연합 측이 UN인권선언의 실천은 거부하면서도 이 인권재판소에 그들의 권리를 주장하는 것은 아이러니가 아닐 수 없다.

▪ ▪ ▪ ▪ ▪

편집자 후기

　가브리엘 박사가 한국을 다녀간 후 많은 이들로부터 이 강의 초안에 대한 자료 요청이 쇄도하였다. 이번에 가브리엘 박사로부터 저작권 사용을 허락받고 이 책을 펴내게 되었음을 밝힌다. 특별히 본문에 대한 자문을 해주신 중근동연구소의 전문위원인 L 박사님, I 박사님께 감사를 드린다.

한국 방문 시의 모습들

사진 _ 2009년 11월 30일 「국민일보」 인터뷰 기사.

사진 _ 『목회와 신학』 특집대담, 2010년 2월호.

사진 _ 2010년 1월 3일 CGN TV에서 방영되었던 〈신년특집대담-이슬람이 달려온다〉.

. . . . . .

UN인권선언 전문(全文)

1948. 12. 10 국제연합 총회에서 채택

인류 가족 모든 구성원의 고유한 존엄성과 평등하고 양도할 수 없는 권리를 인정하는 것이 세계의 자유, 정의, 평화의 기초가 됨을 인정하며,

인권에 대한 무시와 경멸은 인류의 양심을 짓밟는 야만적 행위를 서슴치 않았으며, 인류가 언론의 자유, 신념의 자유, 공포와 궁핍으로부터의 자유를 향유하는 세계의 도래가 일반인의 지고한 열망으로 천명되었으며,

사람들이 폭정과 억압에 대항하는 마지막 수단으로서 반란에 호소하도록 강요받지 않으려면, 인권이 법에 의한 지배에 의하여 보호되어야 함이 필수적이며, 국가간의 친선관계의 발전을 촉진시키는 것이 긴요하며,

국제연합의 여러 국민들은 그 헌장에서 기본적 인권과, 인간의 존엄과 가치, 남녀의 동등한 권리에 대한 신념을 재확인하였으며, 더욱 폭넓은 자유 속에서 사회적 진보와 생활수준의 개선을 촉진할 것을 다짐하였으며,

회원국들은 국제연합과 협력하여 인권과 기본적 자유에 대한 보편적 존중과 준수의 증진을 달성할 것을 서약하였으며, 이들 권리와 자유에 대한 공통의 이해가 이러한 서약의 이행을 위하여 가장 중요하므로,

따라서 이제 국제연합 총회는 모든 개인과 사회의 각 기관은 세계인권선언을 항상 마음속에 간직한 채, 교육과 학업을 통하여 이러한 권리와 자유에 대한 존중을 신장시키기 위하여 노력하고, 점진적인 국내적 및 국제적 조치를 통하여 회원국 국민 및 회원국 관할하의 영토의 국민들 양자 모두에게 권리와 자유의 보편적이고 효과적인 인정과 준수를 보장하기 위하여 힘쓰도록, 모든 국민들과 국가에 대한 공통의 기준으로서 본 세계인권선언을 선포한다.

제1조

모든 사람은 태어날 때부터 자유롭고, 존엄성과 권리에 있어서 평등하다. 사람은 이성과 양심을 부여받았으며 서로에게 형제의 정신으로 대하여야 한다.

제2조

모든 사람은 인종, 피부색, 성, 언어, 종교, 정치적 또는 그 밖의 견해, 민족적 또는 사회적 출신, 재산, 출생, 기타의 지위 등에 따른 어떠한 종류의 구별도 없이, 이 선언에 제시된 모든 권리와 자유를 누릴 자격이 있다.

나아가 개인이 속한 나라나 영역이 독립국이든 신탁통치지역이든, 비자치지역이든 또는 그 밖의 다른 주권상의 제한을 받고 있는 지역이든, 그 나라나 영역의 정치적, 사법적, 국제적 지위를 근거로 차별이 행하여져서는 아니된다.

제3조

모든 사람은 생명권과 신체의 자유와 안전을 누릴 권리가 있다.

제4조

어느 누구도 노예나 예속상태에 놓여지지 아니한다. 모든 형태의 노예제도 및 노예매매는 금지된다.

제5조

어느 누구도 고문이나, 잔혹하거나, 비인도적이거나, 모욕적인 취급 또는 형벌을 받지 아니한다.

제6조

모든 사람은 어디에서나 법 앞에 인간으로서 인정받을 권리를 가진다.

제7조

모든 사람은 법 앞에 평등하고, 어떠한 차별도 없이 법의 평등한 보호를 받을 권리를 가진다. 모든 사람은 이 선언을 위반하는 어떠한 차별에 대하여도, 또한 어떠한 차별의 선동에 대하여도 평등한 보호를 받을 권리를 가진다.

제8조

모든 사람은 헌법 또는 법률이 부여하는 기본권을 침해하는 행위에 대하여 담당 국가법원에 의하여 효과적인 구제를 받을 권리를 가진다.

제9조

어느 누구도 자의적인 체포, 구금 또는 추방을 당하지 아니한다.

제10조

모든 사람은 자신의 권리와 의무, 그리고 자신에 대한 형사상의 혐의를 결정함에 있어서, 독립적이
고 편견 없는 법정에서 공정하고도 공개적인 심문을 전적으로 평등하게 받을 권리를 가진다.

제11조

1. 형사범죄로 소추당한 모든 사람은 자신의 변호를 위하여 필요한 모든 장치를 갖춘 공개된 재판
에서 법률에 따라 유죄로 입증될 때까지 무죄로 추정받을 권리를 가진다.
2. 어느 누구도 행위시의 국내법 또는 국제법상으로 범죄를 구성하지 아니하는 작위 또는 부작위
를 이유로 유죄로 되지 아니한다. 또한 범죄가 행하여진 때에 적용될 수 있는 형벌보다 무거운 형
벌이 부과되지 아니한다.

제12조

어느 누구도 자신의 사생활, 가정, 주거 또는 통신에 대하여 자의적인 간섭을 받지 않으며, 자신의
명예와 신용에 대하여 공격을 받지 아니한다. 모든 사람은 그러한 간섭과 공격에 대하여 법률의
보호를 받을 권리를 가진다.

제13조

1. 모든 사람은 각국의 영역 내에서 이전과 거주의 자유에 관한 권리를 가진다.
2. 모든 사람은 자국을 포함한 어떤 나라로부터도 출국할 권리가 있으며, 또한 자국으로 돌아올 권
리를 가진다.

제14조

1. 모든 사람은 박해를 피하여 타국에서 피난처를 구하고 비호를 향유할 권리를 가진다.
2. 이 권리는 비정치적인 범죄 또는 국제연합의 목적과 원칙에 반하는 행위만으로 인하여 제기된
소추의 경우에는 활용될 수 없다.

제15조

1. 모든 사람은 국적을 가질 권리를 가진다.

2. 어느 누구도 자의적으로 자신의 국적을 박탈당하거나 그의 국적을 바꿀 권리를 부인당하지 아니한다.

제16조

1. 성년에 이른 남녀는 인종, 국적 또는 종교에 따른 어떠한 제한도 받지 않고 혼인하여 가정을 이룰 권리를 가진다. 이들은 혼인 기간 중 및 그 해소시 혼인에 관하여 동등한 권리를 가진다.

2. 결혼은 양당사자의 자유롭고도 완전한 합의에 의하여만 성립된다.

3. 가정은 사회의 자연적이며 기초적인 구성 단위이며, 사회와 국가의 보호를 받을 권리를 가진다.

제17조

1. 모든 사람은 단독으로는 물론 타인과 공동으로 자신의 재산을 소유할 권리를 가진다.

2. 어느 누구도 자신의 재산을 자의적으로 박탈당하지 아니한다.

제18조

모든 사람은 사상, 양심 및 종교의 자유에 대한 권리를 가진다. 이러한 권리는 자신의 종교 또는 신념을 바꿀 자유와 선교, 행사, 예배, 의식에 있어서 단독으로 또는 다른 사람과 공동으로, 공적으로 또는 사적으로 자신의 종교나 신념을 표명하는 자유를 포함한다.

제19조

모든 사람은 의견과 표현의 자유에 관한 권리를 가진다. 이 권리는 간섭받지 않고 의견을 가질 자유와 모든 매체를 통하여 국경에 관계없이 정보와 사상을 추구하고, 접수하고, 전달하는 자유를 포함한다.

제20조

1. 모든 사람은 평화적 집회와 결사의 자유에 관한 권리를 가진다.

2. 어느 누구도 어떤 결사에 소속될 것을 강요받지 아니한다.

제21조

1. 모든 사람은 직접 또는 자유롭게 선출된 대표를 통하여 자국의 통치에 참여할 권리를 가진다.

2. 모든 사람은 자국의 공무에 취임할 동등한 권리를 가진다.

3. 국민의 의사는 정부의 권위의 기초가 된다. 이 의사는 보통 및 평등 선거권에 의거하며, 또한 비밀투표 또는 이와 동등한 자유로운 투표 절차에 따라 실시되는 정기적이고 진정한 선거를 통하여 표현된다.

제22조

모든 사람은 사회의 일원으로서 사회보장제도에 관한 권리를 가지며, 국가적 노력과 국제적 협력을 통하여 그리고 각국의 조직과 자원에 따라 자신의 존엄성과 인격의 자유로운 발전을 위하여 불가결한 경제적, 사회적 및 문화적 권리의 실현에 관한 권리를 가진다.

제23조

1. 모든 사람은 근로의 권리, 자유로운 직업 선택권, 공정하고 유리한 근로조건에 관한 권리 및 실업으로부터 보호받을 권리를 가진다.

2. 모든 사람은 어떠한 차별도 받지 않고 동등한 노동에 대하여 동등한 보수를 받을 권리를 가진다.

3. 모든 근로자는 자신과 가족에게 인간적 존엄에 합당한 생활을 보장하여 주며, 필요할 경우 다른 사회적 보호의 수단에 의하여 보완되는, 정당하고 유리한 보수를 받을 권리를 가진다.

4. 모든 사람은 자신의 이익을 보호하기 위하여 노동조합을 결성하고, 가입할 권리를 가진다.

제24조

모든 사람은 근로시간의 합리적 제한과 정기적인 유급휴일을 포함한 휴식과 여가에 관한 권리를 가진다.

제25조

1. 모든 사람은 식량, 의복, 주택, 의료, 필수적인 사회역무를 포함하여 자신과 가족의 건강과 안녕에 적합한 생활수준을 누릴 권리를 가지며, 실업, 질병, 불구, 배우자와의 사별, 노령, 그 밖의 자신이 통제할 수 없는 상황에서의 다른 생계 결핍의 경우 사회보장을 누릴 권리를 가진다.

2. 모자는 특별한 보살핌과 도움을 받을 권리를 가진다. 모든 어린이는 부모의 혼인 여부에 관계없이 동등한 사회적 보호를 향유한다.

제26조

1. 모든 사람은 교육을 받을 권리를 가진다. 교육은 최소한 초등기초단계에서는 무상이어야 한다.

초등교육은 의무적이어야 한다. 기술교육과 직업교육은 일반적으로 이용할 수 있어야 하며, 고등
교육도 능력에 따라 모든 사람에게 평등하게 개방되어야 한다.

2. 교육은 인격의 완전한 발전과 인권 및 기본적 자유에 대한 존중의 강화를 목표로 하여야 한다.
교육은 모든 국가들과 인종적 또는 종교적 집단간에 있어서 이해, 관용 및 친선을 증진시키고 평
화를 유지하기 위한 국제연합의 활동을 촉진시켜야 한다.

3. 부모는 자녀에게 제공되는 교육의 종류를 선택함에 있어서 우선권을 가진다.

제27조

1. 모든 사람은 공동체의 문화생활에 자유롭게 참여하고, 예술을 감상하며, 과학의 진보와 그 혜택
을 향유할 권리를 가진다.

2. 모든 사람은 자신이 창조한 모든 과학적, 문학적, 예술적 창작물에서 생기는 정신적, 물질적 이
익을 보호받을 권리를 가진다.

제28조

모든 사람은 이 선언에 제시된 권리와 자유가 완전히 실현될 수 있는 사회적 및 국제적 질서에 대
한 권리를 가진다.

제29조

1. 모든 사람은 그 안에서만 자신의 인격을 자유롭고 완전하게 발전시킬 수 있는 공동체에 대하여
의무를 부담한다.

2. 모든 사람은 자신의 권리와 자유를 행사함에 있어서, 타인의 권리와 자유에 대한 적절한 인정과
존중을 보장하고, 민주사회에서의 도덕심, 공공질서, 일반의 복지를 위하여 정당한 필요를 충족시
키기 위한 목적에서만 법률에 규정된 제한을 받는다.

3. 이러한 권리와 자유는 어떤 경우에도 국제연합의 목적과 원칙에 반하여 행사될 수 없다.

제30조

이 선언의 그 어떠한 조항도 특정 국가, 집단 또는 개인이 이 선언에 규정된 어떠한 권리와 자유를
파괴할 목적의 활동에 종사하거나, 또는 그와 같은 행위를 행할 어떠한 권리도 가지는 것으로 해
석되지 아니한다.

이슬람 용어 설명

꾸란(Quran)

알라의 계시를 무함마드가 전달했다는 내용으로 무함마드가 죽은 뒤 그의 후계자
들(칼리프들)이 수집 · 정리해 놓은 것.

나시크(nasikh)

새로운 구절이 이전 구절들을 취소화하는 꾸란 해석 방식.

라마단(Ramadan)

무슬림력의 아홉번째 달로, 그동안 일출 때부터 일몰 때까지 날마다 금식을 한다.

무슬림(Muslim)

복종하는 자들이라는 뜻으로 이슬람을 믿는 사람들을 뜻한다.

메카(Mecca)

무함마드의 출생지이자 그가 가브리엘 천사로부터 처음으로 꾸란 구절을 계시 받
은 곳. 현재의 사우디아라비아에 위치해 있는 이슬람의 성지를 일컫는다.

샤리아(Sharia)

무슬림들이 반드시 지켜야 할 문화적 사회적 규범을 담고 있다. 샤리아법은 꾸란
과 순나를 해석함으로써 얻어지는 UN인권선언문과 대치되는 이슬람권에서 통용
되는 이슬람법이다.

성경의 백성(People of the Book)

꾸란에서 유대인들과 기독교인들을 일컫는 말.

수니파(Sunni)

꾸란과 함께 메신저 무함마드의 언행과 관행을 의미하는 순나(Sunnah 관례, 전통)를 따르는 사람들을 말한다. 간혹 수니파와 시아파를 정통 이슬람과 이단으로 구분하여 보거나 민족적·종족적 의미를 담아 분리해서 이해하는 경우가 있으나 이는 잘못된 시각이다. 오늘날 전 세계 무슬림 인구의 85 퍼센트가 수니파이고 나머지 15퍼센트 정도가 시아파이다. 시아파의 대부분이 이란과 이라크에 집중 분포되어 있으므로, 이 둘을 민족적·지역적으로 구분할 수는 있으나 이는 현재적 상황일 뿐 영속적이지 않음을 이슬람 역사에서 확인할 수 있다.

수라(Surah)

꾸란의 장.

순나(Sunnah)

이슬람의 메신저 무함마드의 전통.

시아파(Shiah)

시아파는 무함마드의 혈통만이 이슬람의 지도자(칼리파)가 될 수 있다는 이슬람의 한 종파이다. 무함마드의 사위 알리 이븐 탈립을 추종하고 있다. 알리의 후손 중 어렸을 때 실종 된 마흐디(Mahdi)를 숨어 있는 이맘으로 간주하고 예수와 함께 재림한다고 믿고 있다.
전 세계 무슬림들의 15퍼센트 정도를 차지하는 소수 종파로 여겨지고 있으나, 이란에서는 90퍼센트 이상이 시아파이며, 이라크에서는 약 60퍼센트에 해당하는 인구 다수가 시아파이다.

쉐이크(sheikh)

집집마다 방문하여 꾸란을 암송해주는 사람이며, 지도자에 대한 경칭.

알라(Allah)

이슬람의 유일·절대·전능의 신. 원래 아랍인들 사이에 '달의 신'을 '알라'라고 부르던 것을 무함마드가 이슬람의 유일신으로 받들었다. 인간의 지각으로 알 수 없는 초월적 신으로 여기기 때문에 신상이나 조각 따위로 나타내지 않는다.
번역서에는 하나님으로 번역이 되어 있으나 기독교에서 말하는 유일신 여호와 삼

위일체 하나님과는 전혀 다른 신의 이름이며, 무함마드가 소속된 꾸라이시
(Quraish)족이 섬기던 아라비아의 최고신이었다.

알 아즈하르 대학(Al-Azhar University)

세계 최고(最古)의 이슬람 대학으로 이집트 카이로에 위치한 이슬람의 영적 권위
를 자부하는 대학이다.

이슬람(Islam)

단어의 의미는 '복종' 이라는 뜻으로 7세기초 아라비아의 메신저 무함마드가 완성
시켰으며 꾸란과 하디스 등 샤리아(율법)를 기초로 한 종교.

지즈야(jizyah)

자기 신앙을 지키고(불신자들) 이슬람으로 개종하지 않으려고 선택한 자라면 모두
지불해야 하는 세금. 인두세.

지하드(al-Jihad)

이집트에서 세워진 과격파 원리주의자 집단으로, 팔레스타인 등 여러 무슬림 국
가로 퍼져나갔다. 알라를 위해 투쟁. 이슬람을 적대하는 자들과 싸우는 것. 그들은
성전(聖戰)이라고 주장한다.

칼리프(Caliph)

메신저의 무함마드의 뒤를 이러 예언을 제외한 그의 모든 권력을 가진 이슬람 세
계의 실제적 혹은 명목상의 지도자가 된 자들에게 주는 호칭. 아랍 단어 khalifa
에서 온 말로, 그 뜻은 "떠나거나 죽은 자의 자리를 대신하는 자".

하디스(Hadith)

알려진 무함마드의 말과 행동에 대한 기록을 여섯 권의 전집으로 묶은 책으로, 꾸
란과 더불어 이슬람 율법의 기초를 이룬다.

히잡(hijab)

여성들이 머리에 쓰는 베일.

과격한 이슬람 무장단체

알 카에다(Al Queda)

오사마 빈 라덴과 빈라덴의 수석 고문인 아부 우바디야 알 반시리가 1988년에 조직했다. 알 카에다는 아프간 전쟁을 위해 수니파 이슬람 원리주의자들을 선발하고 훈련하는 일과 재정지원도 맡았다. 다민족으로 구성된 수니파 무장 단체가 되었고, 범 이슬람 칼리프 연합국을 세우는 것이 목표다. 조직원은 수백 명에서 수천 명에 이르는 것으로 알려졌다. 유대인과 십자군에 저항하는 지하드를 위한 세계 이슬람전선 선언이란 또 다른 이름으로 불리기도 한다.

하마스(Hamas)

설립목적은 이스라엘을 몰아내고 그 자리에 이슬람 팔레스타인 국가를 세우는 것이다. 이스라엘 점령지구에서 PLO의 강력한 라이벌로 등장했다.

야세르 아라파트가 걸프전 이후 국제 외교에서 실패한 것을 틈타 반사 이익을 얻었으며, 점령지역을 해방시키는 유일한 방법은 전쟁밖에 없다고 생각하고 그 외의 다른 협상은 일절 배제한다. 이스라엘과의 협상을 전면적으로 거부하며 자살 폭탄 테러 등 이스라엘 내에서 많은 테러 공격을 했다.

탈레반(Taliban)

2001년 9월 11일 발생한 미국 대폭발 테러 사건의 배후자인 사우디아라비아 출신의 국제 테러리스트 오사마 빈 라덴(Osama bin Laden)과 그의 추종 조직인 알 카에다(Al Queda)를 숨겨둔 채 미국에 인도하지 않음으로써 미국과 동맹국들의 반발을 산 끝에 결국 아프가니스탄 전쟁이 일어났다. 같은 해 10월 7일부터 시작된 미군과 영국군의 합동 공격으로 인해 대부분의 공군기지와 지휘본부, 방공망과 방송시설이 파괴되었음에도 여전히 빈 라덴을 인도하지 않고 계속 항쟁 의지를 밝히면서 지하드를 촉구하였다. 그러나 2001년 11월 탈레반 정권이 무너졌는데 탈레반은 파기스탄과 접경지역으로 숨어들어 세력을 다시 키우고 오사마 빈 라덴과 연계하고 있다.

아부니달(Abu Nidal)

이 조직은 하마스, 이슬람지하드와 함께 팔레스타인 3대 과격단체로 불리기도 했으며 한때 서방 정보기관들이 세계에서 가장 위험한 테러리스트 지도자로 아부 니달을 지목하기도 했다. 지난 1986년 발생한 김포공항 테러는 북한으로부터 5백만 달러를 받은 아부 니달의 조직에 의해 저질러진 것이라고 2009년 『월간조선』 3월호가 보도했다. 이 기사에 의하면 아부 니달이 북한의 청부를 받고 김포공항 테러를 자행했다는 충격적인 사실이다. 이런 사실은 스위스 베른신문사의 무라타 기자가 김포공항 폭파사건을 조사한 보고서를 베를린의 '구(舊)동독 정보기관 슈타지(STASI) 자료관리 연방정부 특명센터'에서 찾아냈다.

김포공항 테러직후 독일의 프란츠 대령이 지휘하는 슈타지의 한 부서(22국)가 김포공항 폭파사건에 대해 조사했는데 신문과정에서 북한의 청부를 받고 조직원을 시켜 테러를 저질렀다고 자백했다고 한다. 이 테러는 당시 서울아시안게임 일주일 전에 폭발물이 터져 5명이 사망, 29명이 부상을 입은 충격적인 사건이었으나 정부는 범인을 밝혀내지 못했지만, 서울아시안게임을 방해하고 종국적으로는 88서울올림픽을 저지하기 위해 북한 공작원이 저지른 것으로 추정된다고 발표했었다. 청부거래는 아부 니달과 김일성의 친분 때문에 가능했으며, 그는 오사마 빈 라덴이 등장하기 이전까지 이슬람권에서 가장 잔인한 테러리스트로 널리 알려졌었다.

히즈불 이슬람(Hizbul Islam)

알카에다 조직 중 하나로 아프리카지역을 맡고 있는 극렬 이슬람 반군단체로 주로 소말리아에서 활동하고 있다.

이들은 샤리아법에 따라 간통한 자들을 즉결 처형하거나 라디오 방송사들의 음악 방송을 금지케 하고 심지어 월드컵 축구경기까지 시청 금지를 강요하고 있다. 젊은이들의 관심이 축구에 쏠려 반군 활동에 가담하게 하는 데 장애가 될 수 있다는 우려 때문이기도 하다.

소말리아는 1960년 영국과 이탈리아로부터 독립했지만 이슬람 토호세력 등의 할거로 지금껏 정부를 구성하지 못한 채 오랜 내전에 시달려 오고 있다.

알 샤바브(Al Shabaab)

히즈블 이슬람과 라이벌 관계인 이 무장단체는 특히 소말리아에서 기독교를 말살하는데 앞장서고 있다. 평소에는 해적행위를 일삼으며, 지난해 9월 힐러리 클린턴 미국 국무장관이 케냐를 방문했을 당시 동시 다발적인 폭탄테러를 기도하였으나 미수에 그쳤다.

■■■■■

2002년 이후 해외에서 발생한
한국인 납치 및 피격사건 일지
(★은 이슬람 과격단체에 의한 테러임)

- ★ 2002. 11. 13 발리섬 한국인 테러로 한국인 관광객 2명 사망. (미국인 등 150명 사망)
- • 2003. 11. 30 오무전기 직원들, 이라크 티크리트 고속도로서 차량 이동 중 피격. 김만수, 곽경해 씨 등 사망. 이상원, 임재석 씨 부상.
- ★ 2004. 4. 5 지구촌나눔운동의 한재광 사업부장과 무역업체 직원인 박 모 씨, 이라크 나시리야에서 시아파 지도자 무크타다 알–사드르 추정 민병대원들에 의해 억류됐다가 14시간여 만에 석방.
- ★ 2004. 4. 8 변 모 씨 등 한국인 목사 7명, 이라크 바그다드 서쪽 250km 지점에서 차량 이동 중 이라크 무장세력에 의해 억류된 뒤 7시간 만에 석방.
- ★ 2004. 5. 31 가나무역 직원 김선일 씨, 물건배달을 위해 바그다드에서 팔루자로 트럭으로 이동하다 무장단체 '알 타우히드 왈 지하드' (유일신과 성전)에 피랍.
- ★ 2004. 6. 22 김선일 씨 참수된 채 팔루자 인근 도로에서 시신 발견.
- ★ 2004. 8. 7 이라트 취재 중이던 외국언론사 소속 한국인 기자 조 모 씨, 무장단체에 억류된 뒤 5시간 30분 만에 석방.
- • 2005. 2. 18 나이지리아 교민, 몸값 노린 무장세력에 피랍 뒤 석방.
- • 2007. 7. 28 아이티 교민 서 모 씨, 수도 포르토프랭스에서 몸값 노린 무장괴한에 의해 피랍. 사흘 만에 석방.
- ★ 2006. 3. 14 KBS 용 모 특파원, 할레스타인 가자지구에서 무장단체 PFLF(팔레스타인 해방전선) 소속으로 추정되는 무장괴한들에 의해 피랍. 하루 뒤 석방.
- • 2006. 4. 4 동원수산 소속 원양어선 제628호 동원소 소말리아 인근 해역에서 조업 중 무장단체에 피랍. 최성식 선장 등 한국인 8명, 인도네시아인 9명, 베트남인 5명, 중국인 3명 등 총 선원 25명 피랍. 117일 만인 7월 30일 석방.
- • 2006. 6. 7 대우건설 근로자 3명, 한국가스공사 직원 2명 등 한국인 5명 나이지리아 유전지대 포트 하코트 내 대우건설 현장에서 현지 무장단체에 의해 피랍. 다음날 석방.
- • 2007. 1. 10 나이지리아 남부 바엘사주 오구지역에서 대우건설 소속 한국인 근로자 9명과 현지인 1명 등 10명이 무장단체에 피랍. 사흘 만인 13일 석방.

★ 2007. 2. 27   한국군 의료지원단 및 건설공병부대인 동의·다산부대가 주둔 중인 아프가니스탄 바그람 미공군기지에서 탈레반에 의한 테러공격으로 윤장호 병장, 미군과 현지인 23명 사망.

• 2007. 5. 3   나이지리아 유전지대 포트 하코트 내 화력발전소 건설현장에서 대우건설 소속 직원 3명이 현지 무장단체에 의해 납치됐다 6일 만에 석방.

• 2007. 5. 15   소말리아 주변 해역에서 한국인 4명 탑승한 원양어선 2척 무장단체에 피랍. 173일 만인 11월 4일 석방.

★ 2007. 7. 19   아프가니스탄 탈레반 무장세력에 의해서 분당 샘물교회 자원봉사자 23명 피랍.

★ 2007. 7. 25   탈레반, 한국인 인질 배형규 목사 살해.

★ 2007. 7. 31   탈레반, 남은 인질 22명 중 심성민 씨 추가 살해.

★ 2007. 8. 13   탈레반, 김경자, 김지나 씨 석방.

★ 2007. 8. 29   탈레반, 한국인 인질 12명 3차례에 걸쳐 석방.

★ 2007. 8. 30   탈레반, 남은 인질 7명 석방. 인질사태 종료.

• 2007. 10. 26   과테말라 거주 교민, 무장괴한에 납치됐다 하루만인 29일 석방.

• 2007. 10. 28   아프리카 소말리아 근해에서 한국인 선원 2명 탑승한 일본 선박 골든노리호에서 해적단체에 피랍, 1명은 당일 탈출, 전우성 씨는 45일 만인 12월 12일 석방.

• 2007. 12. 24   중국 상하이(上海)에서 유학 중인 한국 대학생 1명이 한국인이 낀 납치범들에게 납치됐다가 이틀 만인 26일 중국 공안이 범인들을 검거하면서 무사히 구조.

• 2008. 3. 29   필리핀 만다나오 섬에서 한국인 사업가 1명 피랍, 55일 만인 5월 23일 석방.

• 2008. 4. 28   아프리카 소말리아 해역을 지나던 한국 선적 화물선 알렉산더칼 호가 해적단체로부터 피습, 피랍은 모면,

• 2008. 5. 31   필리핀 마닐라 북부에서 한국 여성 교민 1명 납치됐다가 나흘 만인 6월 4일 석방.

• 2008. 11. 15   한국인 5명이 탄 일본 국적 화물선 해적에 피랍, 3개월여 만인 2009년 2월 13일 석방.

★ 2009. 3. 15   한국인 관광객 18명, 예멘 고대 유적지 시밤 지역에서 폭발물 공격으로 이들 중 4명 사망, 3명 부상.

★ 2009. 6. 15   한국인 자원봉사자 엄영선(37세) 씨는 국제의료봉사단 단체인 '월드와이드 서비스' 단원인 독일인 7명과 영국인 1명과 함께 예멘의 사다 지역에서 납치되어 실종된 후 무슬림 반정부군 단체에 의해 피살되었다.

중근동연구소

세계인구 가운데 15억에 이르는 이슬람권을 바로 이해하고 한국 사회에 중동에 대한 균형 잡힌 시각과 올바른 이해를 심어주기위해 이슬람에 대한 체계적인 연구를 하는데 목적을 두고 있습니다.

향후 우리 연구소는 각종 학술발표회와 세미나, 특강 개최, 학회지 발간, 출판과 홍보활동 등을 하게 되며, 특별히 차세대층인 청소년·대학생들에게도 아랍어 교실 개설을 통해 이슬람에 대한 실제적인 이해를 높여 중동 전문가 양성에 전력하는 활동을 하게 됩니다.

하는 일

1. 중근동학에 대한 연구 및 조사, 자료수집 활동
   (국회와 정부, 선교단체 및 언론사에 자료 지원과 협력)
2. 각종 중동이슬람 관련 연구발표회 및 세미나 개최
3. 중근동학 연구지 및 중동이슬람 전문도서 발간 지원
   (특히 어린이·청소년을 위한 이슬람 바로알기 도서 기획과 발간 지원)
4. 국내외 중근동학 및 중동이슬람연구기관과의 제휴 및 공동 연구 활동
5. 중근동 및 이슬람 전문가 양성 및 신학대학 중근동학 교수 요원 지원
6. 개 교회 이슬람세미나 강사 지원 및 아랍어 어학교실 개설
7. 주요 대학 중동관련 학술서클이나 학과 학생들에 대한 멘토와 양육

후원계좌

중소기업은행 / 323-073641-01-012   예금주 : 중근동연구소

Tel 02-2226-1001 [중근동연구소]

이슬람이 몰려온다 ⑤

UN인권선언에서 바라본 이슬람

엮은이   마크 A. 가브리엘
만든이   하경숙

2010년 5월 20일 1판 1쇄 발행
2010년 7월 20일.   3쇄 발행

만든곳 글마당
등 록   제 02-1-253호(1995. 6. 23)

서울 강남사서함 1253호
전 화   02)451-1227
팩 스   02)6280-9003
E-mail   12him@naver.com
www.gulmadang.com
www.글마당.com

값 7,000원

ISBN   978-89-87669-51-9 (93230)
ISBN   978-89-87669-48-9 (세트)